经济十八讲

现代经济学读书札记

樊纲/著

人民东方出版传媒

东方出版社

目　录

CONTENTS

有弗赖堡学派这一家，比整天叫嚷政府干预的凯恩斯主义者都更为风光。

除非我门已正确地揭示了政治生活的基本机制，否则改革者将在缺乏有关知识的情况下去利用国家进行改革。……经济学家应在理性政治行为理论的基础上，尽快地使自己能为实践改革颁发执照。

当一个民族的知识精英都不去研究自然，关于自然的知识便必然长久地停留在农民与工匠的经验或"祖传秘方"之中，既不能上升为现代意义上的科学，也不能培养出自觉的理论抽象思维能力。

经济学家面对社会、面对公众，从来要回答两个方面的问题：经济是如何运行的，经济问题是如何产生的？以及，经济应该如何改进，应该如何运行才更令人满意？

民主本身不是由压倒其他社会势力的权威创造出来的，而是在各种势力的抗衡中形成的。我们已有的民主如此而来，我们将有的民主也将如此而来。

实行股份制，本身并不能减少、更不能消除经济矛盾或经济纠纷；它不是可以不要法律，相反，要求更严格的法制，要求国家在协调各方面经济利益中起更多的作用。

我们生活中处处事事都在与人打交道，我们生命的一大部分就是在人与人之间的各种"扯皮"（被人扯和扯别人）之中耗掉的，社会财富中的很大一部分，也是消耗在扯皮之上的。

几千年的集权主义传统和几十年的计划经济，以及过去的某些"社会主义"的理论，给我们留下了一个相当根深蒂固的"精神遗产"，就是不相信民众之间自利的行为和互利的交换能够使经济有秩序地运行，而只是相信"专家"或"精英"们的理性与智慧。

在萨缪尔森笔下，经济学在基本理论分析方法上获得了统一——统一于对各经济行为主体的"最大化行为"的分析，它的基本原则就可概括为"最大化选择"的原则。

经济学家作为社会公民的一分子，应该是有道德的；作为一般意义上的知识分子，甚至也应该做传经布道的工作；但作为经济学家，谈道德却是"不务正业"。

一个企业不努力就要被挤垮，恰恰是由于其他企业都在追求自身的利益最大化；一个经济学家不努力就要落后，恰恰是由于别的人都在力争出类拔萃。在这里最大化行为要由最大化行为来解释，恰恰证明了最大化行为的公理性质。

新东西确实吸引人，但是我们真正缺乏的是基本的东西，正是这些基本东西的缺乏制约了我们新产业的发展。

在华人文化的传统中，更注重的是"人治"而不是法治，一切正式的法律、规章，都可因人而异、因事而异加以打破和改变。

符合经济逻辑的建议是：信息越公开、越充分、越正确、越及时越好，越有利于减少恐慌。在危机应对机制中，首先要建立的就是危机应对的信息机制。

只计算物质产出或物质享受，不将"闲暇"考虑进来的经济学，只是一种简陋的经济学。闲暇可以提供满足的道理，在经济学的意义上可以首先把我们引到经济学的一个重要概念：机会成本。

一个经济社会中，以私权谋私利前提"私权"起作用的事情多些，不构成问题，成问题的仅在于以公权谋私利；而从逻辑上说，以私权谋私利的事儿越多，以公权谋私利的事儿就会越少，那些少量存在的公权也越容易受到有效的监督。

自　序

这个集子收录的是我过去发表的关于经济学基础理论、不同经济理论的关系、经济思想史、现代经济学与中国经济问题分析相关关系的一些中短篇论文，相当一部分曾发表在《读书》杂志上。最初写作时心目中的读者对象，是搞学术研究的学者，不仅是经济学者，也包括人文、社会科学等其他学科的学者（也就是《读书》杂志的作者与读者们）。时过境迁，经济学的普及程度比当初有了很大的提高，所以想象中的读者群应该已经扩大了很多，东方出版社两次提出汇集出版，让它们与更多的读者见面，我想还是有意义的。只是在这里想提醒读者，这里的一些文章，与我曾经发表的一些分析当前经济现象的"杂文"不太一样，有的略显"晦涩"枯燥，不那么有趣，也不那么通俗，需要有点耐心才能读得下去。

改革开放以来，中国经济学理论的研究与教学有了长足的发展。一方面，经济学的理论研究已极大现代化、数理化、模型化，与国际接轨；另一方面，经济学的应用研究也有深入的发展，把理论应用到现实经济问题的分析中去，对现实问题的分析已经不再是简单的现象描述，而是运用现代理论的工具，有着清晰的逻辑线条，把复杂的现象进行条理分明的概括。总之，经济研究者更加"专业"，集中对本专业的问题进行深入的研究与分析，对研究领域的"边界"有了更加明确的定义，这显然是一个进步。没有这种专业化的深入，任何学科都是很难进步的。我本人当初也是力图使经济学专注于"自己的问题"、明确"自己的边界"的。比如这里收录的几篇关于"经济学与道德"的文章，就是这样：经济学的分析离不开道德，因为从经济人的"目标函数"、偏好构成或效用标准，到经济决策的社会、道德约束，都离不开价值判断，离不开人们的"道德底线"，但是道德或价值判断本身，不是经济学独特的研究对象（即所谓"经济学不讲道德"），而是哲学、伦理学、宗教、文学等的研究对象，我们只是把它们的研究成果应用到经济学分析中来，推导出每一个经济人可能有的特殊的偏好函数与约束条件，推导出他们的选择与决策；经济学是通过改变制度、改革政策来改变世界，而不是通过道德说教来改变世界。道德说教，传经布道，对于改变世界非常重要，有的时候可能更加重要，不只是我们经济学改变世界的特殊职能与特殊工具。

不过与此同时，我这里想说的是，我们在更加专业的同时，也更加"收缩"到一个较为狭窄的特定区域中，对于经济学与其他人文社会科学领域相关联的一些问题，对于经济学边界上的"模糊"地带的一些问题，似乎研究得少了一些。比如关于经济学的哲学思考，关于经济与政治，关于经济学与社会学相关问题的分析，关于经济学起源的历史原因的研究，经济问题与其他学科的交叉研究，这些年似乎少了一些，少数学者一直坚持在做，有一些很重要的成果，但引起的关注也少了一些，经济学者在这方面的交流也不是很多。不同学科的首要任务是提供自己专业的独特视角、独特分析，没有这一点，任何学科都不能发展，也不能完成自己应该完成的任务，复杂的现象也不可能真正从各个角度分析清楚，一锅粥，大杂烩，什么都说不清楚。但是，在专业分析的基础上，各学科的交叉研究也一定能提供新的思路，也会促进各学科本身研究的深入，因为社会现象本身是各种因素决定的，而不是由某一个特殊因素单独决定的。经济学也不能总是停留在"思想"或哲学思考、社会思考上，要落实到定量分析中去，要到定义清楚、边界明确的可以"证伪"的假说中去进行实证的分析。但是，经济学的发展，也不能没有思想，没有对人类发展整个画面的哲学思考。本文集中收录的一些文章，除了对经济学的一些理论进行比较之外，也对不同理论起源与发展过程，对它们形成的不同的历史背景，进行了一些分析，对它们与其他学科的关系进行了一些探讨。再次发表，也希望它们能引起人们对这些问题的兴趣与思考。

感谢东方出版社的厚爱，这次重印这些文章，也是"一字未改"，文中的各种错误与疏漏，也有待同行和各学科的学者进行批评指正了。

理论的危机、分裂与综合

前记：我所学专业叫作"当代西方经济学"，后来真的到"当代西方"去了一趟。在美国哈佛大学听课，回来后写博士论文，搞了个无边无沿的题目，叫作各种理论体系的"比较与综合"。其根本目的之一，是想表明，学了半天"西方"，却也不敢忘记"中国经济学建设"这个祖宗留下来的题目。在这样一个不长不短的过程中，便逐步自我感觉"悟"出了一些东西。这里说"悟"，确是一种内心的体验：面对洋洋大观、错综纷纭的现代经济学，有些东西不是通过读几本书、研究几个问题直接得到的，而是在不知不觉中沉淀下来的。但凡悟出的东西，恐怕都是些很基本的，是把枝杈削去后剩下的根脉——因其基本，也就简单。聪明人或许早已看穿，唯我这等笨鸟只能慢慢悟来。但既然来之不易，便还是把它们整理出来，希望引起些共鸣，或者引来些批判。不习惯危言耸听，却也不妨在这前记中提高几度音阶：中国的经济学，若不能在理论眼界、思维方式、判断标准、推理逻辑等方面来些"大彻大悟"，是难有大长进的。

1972 年，美国经济学会年会特地邀请英国的琼·罗宾逊[1]赴会

---

[1]　琼·罗宾逊（Joan Robinson，琼·罗宾逊夫人）英国著名女经济学家，新剑桥学派的代表人物。琼·罗宾逊夫人是世界级经济学家当中的唯一女性，而且是有史以来最著名的女性经济学家。

演讲，以表示对这位与美国主流经济学家们争论多年的经济学大师的敬意。罗宾逊夫人也的确不失大师风范，在会上又将美国的"后凯恩斯主流派"经济学家们驳斥一番，称他们为"冒牌的凯恩斯主义者"，并指出了经济学又处于一个新的危机时期，她演讲的题目就叫作《经济学的第二次危机》。

将近十年之后，1981年，美国人丹尼尔·贝尔和欧文·克里斯托尔合编的一本论文集出版，名为《经济理论的危机》（上海译文出版社，中译本，1983年），书中所收十二篇论文，用编者的话说："虽然并不代表近年来已经出现的每一种或任何一种对正统理论表示异议的观点，但它们涉及辩论的主要线索"（第8页），既包括非主流派经济学家们对主流（或称"正统"）经济学各种假设、方法和理论的怀疑、批判，对各种非主流派经济学（如后凯恩斯主义、新马克思主义、新奥地利学派等）的阐发，也包括像阿罗（K. Arrow）和哈恩（F. H. Hahn）这样的主流派代表人物的辩白与自我反省；既有对历史的回顾、对现状的分析，也有对未来经济学的展望。各篇论文的专业性都很强，高度浓缩，使人们得以在这二百多页的书中窥视到当今诸子百家、纷纭错综的经济学全貌，体会到"经济理论的一致意见已经被打破"（上书，第7页），经济学处于新的危机当中的客观形势。

经济学已经经历了几次"危机"？对这个问题历来观点不一。罗宾逊夫人称当前经济学面临"第二次危机"，意味着她认为过去只发生过一次危机。而彼得·德鲁克在《走向下一种经济学》中提出的是"四次危机"论（上书，第13—17页），现在是第五次。笔者的看法则是"两次危机"论（现在是第三次）。第一次是19世纪30～

60 年代由亚当·斯密创立古典政治经济学的危机，其结果是产生了马克思主义和边际效用学派（后发展为新古典主义）两个相互对立的理论体系，我们称之为 19 世纪的经济学"双重革命"——"马克思主义革命"和"边际革命"。第二次危机即 20 世纪 30 年代在西方经济大萧条阴影下发生的新古典主义危机，其结果同样是"革命"的发生，即所谓的"凯恩斯革命"，形成了以说明和医治宏观经济波动为内容的凯恩斯主义理论体系。

就是说，在以往经济学理论的两次危机中，发生了三次革命，形成了至今仍作为经济学主要支柱的三个不同的理论体系。

最重要的问题还不在于确认发生了"几次"危机和革命，而在于认识这些危机和革命的性质及其在理论发展中的意义。

古典经济学理论体系作为经济学的第一个"范式"，明显地具有全面但笼统的特征。社会经济活动是一个复杂的、多方面的整体，这是人们凭观察就能直接获得的感性认识。斯密和其他古典学派理论家正是基于这种认识，建立了第一个力图从各方面全面地说明经济现象的理论体系。但正是因为这种理论更多的是建立在直觉上的，当它试图探究现象背后的更本质的关系，便不可避免地受到当时人的认识能力限制，从而往往将不同的东西混为一谈，发生概念的混淆和逻辑的矛盾。19 世纪上半叶关于古典理论的种种争论，正是针对这些体系本身的内在矛盾而展开的。理论体系的这些内在矛盾，表明了这种理论的局限性。

从这个观点出发，我们就可以看到，古典理论之后的历次"革命"，无论当时采取的具体形式如何，都是对经济学第一个范式的"分裂式"的否定——经济学家逐步从那种全面的、但是直觉而笼统的理论结构中分裂出去，分别抓住了社会经济活动这一整体的某一方面，进行更深入、详尽的分析研究，并力图用它们在这种"片面的"研究中所获得的新的结论，来说明整个经济现象，由此使形成了各种相互对立的经济学理论体系：马克思主义将物质生产活动和物质需要当做社会经济关系的"物质承担者"或"物质前提"，着重从人与人的经济利益矛盾关系这个方面，对社会经济活动进行了考察，力图揭示它的社会本质和历史特征；新古典主义理论则将人与人的关系作为"制度前提"或关于制度的"背景条件"，着重从物质生产与物质需要的相互关系的角度进行考察，力图说明资源配置的社会方式以及经济活动作为物质生产活动的一般性质和一般规律；凯恩斯主义理论，则强调了社会经济活动作为人的一种根据主观预期作出决策并在"时间"过程中进行的活动的特点，把经济活动的客观内容（既包括物质内容，也包括社会内容），作为理论分析的前提，着重从"事前"预期与"事后"效果、主观判断与客观运动的关系方面，对经济进行考察，力图揭示经济过程不确定性的原因。这些理论，就这样以它们的独特方式，各自从某一方面挖掘开去，深化了人类对经济活动的认识，各自为经济科学的发展，作出了独特的贡献。

可见，理论史上两次"危机"中的三次"革命"，其实正是对古典主义的"大一统"的理论体系的三次"分裂"，而由此形成的三种理论的对立，在本质上体现的则正是对具有多面性的社会经济活动进行考察时"研究角度"的差别与对立。

理论在危机中分裂，又在分裂中深化，各种理论都为经济学增添了新的科学成果。但也正是因为不同的理论，着重从某一方面、某一角度考察经济活动，解释经济现象，它们也就不可避免地具有各自的片面性、局限性，往往忽视了其他方面的因素在经济过程中的重要作用，因而不能全面地说明各种经济问题。比如，马克思主义理论由于只注重社会关系的分析而没能提供完整的使用价值理论，忽视人的物质需要在各种经济变量的决定过程中的作用；新古典主义理论则只注意分析物质供求关系而忽视经济利益矛盾在经济变量决定中的直接作用，也不能说明经济关系的历史演进；凯恩斯主义则只把经济波动归结为一般的主观因素，而忽视不确定性的客观基础和历史特征。

理论的片面性决定着它的局限性。而片面理论的局限性会有两种不同的表现方式。第一种是，在历史的不同阶段上，由于现实经济问题的特殊性质，会使某些理论显得特别苍白无力，而另一些理论则显得较为"风光"。第二种表现方式是，当经济发展到一定阶段上，人们会发现哪一种既有的理论也不能对现实问题提供十分满意的回答。而这正是20世纪70年代初以来，西方经济出现停滞膨胀后发生的情况。可见，当前所谓经济学理论危机的性质，正在于各种理论在新的经济现象面前都处于无力状态，都遇到了自身固有的限制。从理论本身的发展状况看，这似乎也是必然的：几种主要的经济学理论体系，从形成至今，已有百多年、至少是五十年的发展历史。在当代专业经济理论家的笔下，它们都已经历了长期"精雕细磨"的过程，已很少再有新的理论命题提出。也就是说，在它们各自所侧重研究和深入开掘的理论方面，都已穷尽到了一定的极限。

总之，当前这次新的理论危机的性质，就在于各种理论的片面性、局限性同时暴露。我们可以将这种情况概括为"理论片面性的危机"。理论危机的性质往往预示着危机的结果。在我们看来，当前这场危机的结果，很可能是某种形式的理论"互补"和理论"综合"。这一推断并非黑格尔"正—反—合"题的简单应用，而同样是以经济学本身的现实状况为依据的。第一，就经济学的研究对象来看，我们现在看不出还有哪一方面的问题尚未被作过深入的探讨。就是说，至少在近期内看不到发生新的"分裂"的可能。第二，各种理论已经分别从各方面提供了大量的科学材料，人们对各方面问题本身认识得越透彻，也就越会认识到各种理论本身的局限性，越会产生将各方面理论有机联系起来以更加全面精确地说明现象的要求。事实上，这种互补和综合的趋势也已明显地表现出来了。正如《经济理论的危机》一书的编者所指出的那样："经济理论发生了危机……是由如下事实证明的：在我们的眼光中，没有争议的理论体系在日益缩小而不是日益增大。"但是，"假如我们看到一种知识结构正在分化解体，最终会带来的东西——如果我们钻研一下任何科学的历史——将是一种综合了更多内容的新的结构"。（同上书，第271页）

当然，我们不可能断言这种结果必然发生；但有一点已经可以肯定，对于经济学的基本理论来说，综合的任务已经提出。

科学是没有国界，也是没有国别的。自然科学是这样，社会科学同样也是这样。只有科学形成和发展的具体环境以及科学原理的具体应用是有国别特色的，受具体的历史、社会条件制约的，任何国家的科学家，包括经济学家，对科学发展作出的贡献，都具有普遍的意义。因此笔者不以为存在着东西方两种经济科学，也不相信在基础理论层次上会有什么"中国特色的经济学"。因此，当我们谈论经济理论的危机时，我们并不是在说"西方经济理论"的危机，而是在说我们自己所献身于的那个学科所面临的问题。对这一危机抱一种与己无关甚至耸耸肩膀讥讽嘲笑的态度，不过是说明我们还没有进入"圈子"。对于中国的经济学家来说，对现代经济学理论"前沿"问题的"认同感"，本身就是一种自我要求的高标准，不这样自我要求认同，我们就永远不会走到"前沿"去。西方当然有西方经济的特殊的具体问题，我们或许并不必操心去越俎代庖，但任何具体条件下的具体问题同样都是基础理论某种缺陷的反映，值得引起每一个理论家的注意。

不过，强调经济学作为一门科学的无国别性，既不否认西方有西方的具体情况，也不否认我们中国经济学界，在理论发展过程中，面临着我们所特有的问题。根据托马斯·库恩（Thomas Samuel Kuhn）的"科学危机"概念，我们无疑也在经历一种理论危机：旧的、传统的"范式"已经打破，而新的"范式"还未建立起来。这种理论危机的"国别特色"在于，它不是各种理论在不同方面充分发展后发生的"片面性危机"，而首先是一种"发育不良"的危机，其次是一种"无所适从"的危机。

传统的社会主义经济理论，名义上是马克思主义的，但却并不像马克思主义那样实证性地分析研究现实公有制经济中各种利益矛盾、利益冲突及其导致的必然经济结果，而是在公有制、"同志式协作"等公式下一味地论证经济关系的万事和谐。在这一点上，它更像新古典主义，而不是马克思主义。但是，它虽然认为万事和谐的结果是"最大限度地满足人民的物质文化需要"，却又不能像新古典理论那样认真深入地研究物质生产与物质需要的关系，需求偏好、资源合理配置等问题从来未在这种理论中占据重要的地位。同时，传统理论中总是一再强调公有制经济作为一种自觉的、由事前计划管理的经济的"无可比拟"的优越性，却又从不像凯恩斯主义理论那样重视研究预期判断与现实经济运动过程之间的关系。在一定意义上可以说，传统的社会主义经济理论恰恰集中了各种理论体系的缺点，而不是优点。

改革开放之后，在现实的严峻挑战面前，人们开始逐步走出旧理论的狭隘眼界。但是，由于原有的知识结构与现代经济学的发展水平之间存在很大的差距，经济理论不可避免地陷于一种"无所适从"的混乱之中。一方面，新引进的各种理论的概论、方法、术语加上自己新造的名词，被放在一起使用，由于对它们的内涵及相互关系并无确切的了解而时常发生混淆、错乱和自相矛盾；另一方面，更重要的是，由于对各种理论的前提、背景、应用条件和精神实质缺乏透彻的理解，经常把它们"用错了地方"或"批错了地方"，被抛弃的东西，往往恰恰是一种理论的优点，而被肯定的，又往往是它们的缺点或恰好不适合于我们的具体条件。处于这种状态下的理论，虽然在许多方面已经比传统的理论能更好地说明现实问题了，但总的说来仍未摆脱"理论无力"，理论落后于实践的困境。而与此同时，一方面由于理论上遇到的困难，另一方面由于改革对策研究任务的紧迫，近年来轻视理论分析的实用经验主义倾向在某种程度上不是削弱了，而是有所加强。

总之，一个基本的判断是，就我们的经济学理论发展状况而论，就如同它的具体研究对象即中国经济一样，正处于一种以落后为根源的危机之中。这是我们的特殊的理论危机，而这就意味着，我们中国的经济学家，现在应该具备双重的"危机意识"：一方面意识到经济科学在发展前沿上遇到的局限性，另一方面又充分认识到具有"中国特色"的理论落后性。前一种危机意识能使我们及时地以更加科学的态度对待各种理论，从而在利用各种现有理论成果时更加自觉，少走弯路。后一种危机意识则能鞭策我们少一些"无知的狂妄"，老老实实学习人类经济科学的一切先进成果，弥补起落后的差距。这绝不是一个"急功近利"能奏效的事，需要下真功夫，也需要从思维方式、判断标准等方面做一番深刻的自我反省，但又不能不存在一种"急迫感"：如若不能在一两代人之内走到经济科学的前沿，恐怕我们经济学家也要面临一个开除"球籍"的问题了。

第二讲

经典经济学与今天的中国

朱绍文教授在 85 岁高龄时，出版了《经典经济学与现代经济学》一书（北京大学出版社 2000 年 1 月出版），概括总结了几十年研究经济学理论和经济学历史的部分成果，对我们所有经济学者来说，这是一份极为可贵、值得认真一读的传世之作。

在此书的封面上，印有朱先生最为推崇的三位经典经济学大师的头像（相片本身也是朱先生亲自挑选出的），他们是英国的亚当·斯密，德国的弗·李斯特和卡尔·马克思。为了与经济学中通常所说的"古典经济学"相区别（那个词特指斯密、李嘉图、穆勒等经济学家的理论），朱先生用了"经典经济学"的概念，来特指在经济学发展的历史上起过重要作用，但又有别于现代经济学的种种理论学说，其中包括了李斯特、马克思等人的学说。所谓"经典"，自然意味着"不可不读"，同时也有"永恒价值"的意思——一切经典的理论，都因其包含着真理（在当时是新的理念）而具有永恒的价值，也因其反映了产生那种理论的时代所特有的烙印而永远给后人以历史和思维的启迪。在朱先生所着重分析的经典理论的现实意义中，以下两点特别值得我们重视：第一，经典理论的反封建性；第二，经济学研究的"本国立场"。

朱先生特别批评了把"现代化"（严格地说应是"近代化"）等同于"工业化"的错误概念，指出现代化指的不仅是技术的进步和经济的增长，更重要的是经济社会关系的改变，是使过去在封建桎梏中受压抑的、受制约的、存在于民众当中的生产力解放出来。在这方面，斯密可以说是早期反封建的经济学理论的杰出代表，他的代表作《国富论》的宗旨就是提倡"自由贸易"，要求打破中世纪封建势力对生产活动和交易活动所设的各种障碍和限制，打破各种"控制"和"审批"，解放生产力，使人们能够通过自愿和自由的分工与交易，提高效率、增进社会的福利。在斯密的著作中，"自由贸易"一词还不像现在往往特指的是国际之间的交易，而是指一般意义上的"交易的自由"，指市场经济的发展，指市场活动所体现的新的经济社会关系。

朱先生这些年一直在各种场合指出我们现在事实上还在进行的是许多"反封建"的工作，其意义就在于此，就在于要打破计划经济的种种"遗产"，打破中国两千年封建专制制度的种种"遗产"，使市场经济的原则和精神，最终在中国建立起来。二十年改革开放，我们在这方面取得了巨大的成就，但是比起这个任务所要求的内容与范围，也就是比起那种种的"遗产"，我们已经打破了的还太少，还有大量的封建遗产在那里顽固不化，有的甚至还在不断地死灰复燃，它们不仅存在于我们的一些体制、规章、政策当中，很多情况下是深藏于我们许多真的热衷于改革、真的希望发展市场经济、真的想反封建的同志的头脑当中，不时地冒出来"干扰我们自己"。由此可见反封建的任务之艰巨、之复杂、之长期，可见朱先生其书的"现实意义"，恐怕还会持续很久，学习经典经济学的现实意义，还会持续很久。打开斯密的著作，每每你都会想对自己和周围的人说，"那正是在说阁下的事情"。我们现在写的许多文字、做的许多努力、进行的许多工作，许多自己当做很"新的"观点，其实都是当年人们已经写过的、做过的、争论过的、"玩剩下的"。这或许也是经典经济学的魅力所在：即使在一些关系到历史发展进程的问题上，它的理论仍然可以有长久的适用性。

朱先生一生极为推崇德国经济学家李斯特，其重要原因之一就是因为他不是简单地照搬和学习当时先进的国家——英国的经济学理论与经济政策，而是从当时德国作为一个较为落后的"发展中国家"的特殊情况出发，"建立了从本国立场出发的'国民经济学'，特别强调本国创造财富的生产力……的重要性"（《经典经济学与现代经济学》，第111页）。为德国的现代化进程、为德国追赶上英国等发达国家做出了重要的贡献。他的著作成为影响当时属于发展中国家的美国和日本走向现代化的重要著作。

朱先生所推崇的这种经济学研究的"本国立场"，对于我们所有的研究人员来说都有着非常重要的意义。

首先，所谓"本国立场"，不是要另起炉灶，置人类几百年以来已经发展起来的知识和科学体系于不顾，井底之蛙，搞什么"中国经济学"，而是要充分利用现代经济学，充分利用哪怕是昨天别人已经发展起来的知识与成果；只不过，作为致力于中国经济发展和现代化的中国经济学者，必须针对中国的特殊问题、特殊发展阶段，由此出发，来提出问题和解决问题，才能真正使经济科学为我所用，而不是人云亦云，跟着"别人的问题"走，不能对本国的发展起促进作用，相反却可能起负面的作用。西方经济学家当前所研究的问题和提出的政策，多数都是针对他们作为先进国家当前所面临的一些前沿课题，而我们作为各方面还都很落后的发展中国家（同时还是"转型经济"），则有我们的特殊问题，如果不认真地分析这种差别，就可能提出错误的政策主张。比如当前非常热门的"新经济、旧经济"问题。"新经济"的概念，本来是根据某些发达国家的新经济现象提出的，与我们的现状相差甚远。即使是用"新经济""旧经济"的概念特指一些新兴部门和传统产业，也会有很大的差别——对于发达国家来说是"旧经济"的一些部门，对我们来说还是刚刚开始发展的新兴产业，如汽车、住房、家电等等；而对一些发达国家来说日益丧失国际竞争力的一些"夕阳产业"，对我们来说则可能正是当前有国际竞争力的产业（如劳动密集型产业）。西方国家的经济学家和企业家到中国来大谈特谈"新经济"，是因为那正是他们的"兴奋点"，他们正在为其在全球"开拓新疆场"。而如果我们盲目地跟着起哄，也要把中国的"经济结构"现在就提升到发达国家那样水平，忘记了现在我们"能卖得出去"的东西主要是什么，能"赚钱"的东西主要是什么，也就是"竞争力"所在是什么，忘记了我们还有 9 亿农民等着就业，等着进城，我们的经济就一定会在国际竞争中被挤垮，自己内部的矛盾也会激化。不能现实主义地冷静客观地分析本国的现实情况，在此基础上制定科学的发展战略，是发展中国家经常会犯的一个毛病。而这正是缺乏"本国立场"的一个表现。

其次，一个经济学家，从"本国立场"出发，不仅能为本国的经济发展做出贡献，也恰恰因此能为经济理论的发展做出自己独到的贡献。比如，如果中国经济学家能为解决一个至今人均 GDP 只有 800 美元（而世界最高的瑞士是近 4 万美元）、处处落后（资本、技术、人才、管理、体制等）的国家能够一步一步改革开放，持续增长，最终实现现代化、追赶上发达国家这样一个难题提出切实可行的政策方案，他们也就能对经济学、特别是发展经济学（即关于落后国家如何发展的理论）做出重要贡献。经济学的一般性原理都是在对各种特殊问题的分析中逐步形成的。落后国家如何发展这个特殊问题，同样能为经济学的一般理论增加新的内容。这也是李斯特为什么不仅是一位伟大的德国经济学家，也是一位在整个经济学说史上占有重要地位的国际级经济学家的原因。

《经典经济学与现代经济学》，以其清晰的思维方法，博大的理论基础和翔实的资料考证，为我们晚辈经济学者树立了严肃治学的楷模。你只要翻开书本，就能对老一辈学者的严谨学风和大师风范肃然起敬。但我想它对我们大家最重要的警示和启迪还在于它的"反封建精神"和它的"本国立场"。

2000 年 8 月 9 日

第三讲

经济秩序与经济学原理

——读《弗赖堡经济学派研究》

　　左大培将自己的博士论文整理成书，出版了他的第一部学术专
著《弗赖堡经济学派研究》①。作者以其深厚的理论功底，在与各种
经济理论上下左右的比较分析当中，全面地评价了弗赖堡学派，使
我们能在二十来万字的篇幅中对这个学派的理论内容和思想风格，
有一个较为全面的了解。

　　德国弗赖堡学派，也称德国新自由主义学派，它的一套"社会
市场经济"理论和以此为基础的一套由艾哈德政府大力推行、产生
了所谓西德战后经济繁荣的经济政策，我们或许已经多多少少有了
些了解。而我们往往还并不很了解的，则是这个学派独特的经济学
方法论。德国是个出思想大师的国度。在经济学领域内，它早年是
鼓吹归纳方法、强调历史经验研究的历史学派的故乡，后来又深受
边际主义创始人之一、奥地利学派的门格尔的演绎分析和数理方法
的影响，在历史学派和边际主义学派之间发生过著名的经济学"方
法论"论争、还产生了充满辩证逻辑的马克思主义经济学。由此而
论，任何更晚近的在德国形成的经济学学派，也都是"命中注定"
要对经济学方法论的发展作出点儿特殊贡献的。弗赖堡学派也"命
数难逃"。作为这一学派精神领袖的瓦尔特·欧肯，早年是个历史学
派经济学家，后来又专心研究新古典主义的边际理论，深得各派理

----

　　① 《弗赖堡经济学派研究》，左大培著，湖南教育出版社1988年第1版，东方
出版社2012年第2版，更名为《弗赖堡学派的启示》。

论、各种方法之真谛，在此基础上对经济家们走过的思想道路作了一番前人未曾作过的总结、概括，并形成了自己的一套"方法论体系"。这是一笔堪谓丰腴的遗产，任何致力于经济学理论创新的人都能从中获得些启发，使自己在创作活动中更加"自觉"。

首先忘掉第二个任务

弗赖堡学派是与一整套新自由主义政策主张联系在一起的，并且，许多西方经济学家都承认，在当代经济学的各流派中，真正用自己的经济学说指导政府并取得了经济政策上的成功的，只有弗赖堡学派这一家，比整天叫嚷政府干预的凯恩斯主义者都更为风光。因此，它绝无"脱离实际"之嫌。但正是这派理论家们，特别地强调了"纯科学"研究的重要性。瓦尔特·欧肯认为，社会科学有两方面的任务，一是"研究实际的、历史上既定的世界"，把对事实的实证性的科学探讨与价值判断区别开来，不带偏见地研究现实。二是提出政策主张以实际地解决经济问题，"塑造社会"或"塑造各方面的秩序"。这其实正相当于马克思所说的"认识世界"和"改造世界"。在这两方面的任务中，第二个任务无疑构成经济学的目的，真正的经济学家总是以"经邦济世"为己任的。欧肯特别地批判了当时德国法学界和经济学界存在的那种"根本不想影响决策"、不想完成第二个任务的经院主义气息。但与此同时，他却指出，要想完成第二个任务，就要首先"忘掉它"，先致力于完成第一个任务，"摆脱经济政策上的愿望"，首先科学地对既有的现实世界进行理论分析。这样做之所以必要，是由于任何科学并可行的政策都只能来自对现实世界各种相互联系的正确、全面、规律性的认识；应该从理论分析中得出"政策方向"，而不是相反，"政策导向"地进行理论研究。欧肯还指出，任何政策都必然包含着一定的利益倾向和价值判断，而科学家的工作应该首先处于经济利益之外，客观地说明各种经济利益的由来及其相互关系。

我们不知道欧肯们是怎么做到"忘掉第二个任务"的。经济学家也生活在总是不尽如人意的社会当中，柴米油盐，功名利禄，要忘掉已属不易；"塑造社会"，叱咤风云，这样为国为民、"堂而皇之"的任务也要"首先忘掉"，自然就更难。但这些弗赖堡大学的教授们的确写出了一些"首先忘掉"的著作。看来书斋的魅力，只有坐进书斋里面的人才能说得清楚了。

提炼经济理论

这是欧肯提出的完成"第一个任务"即研究现实世界的基本方法论。所谓"提炼"，也就是从具体的经验现实中，抽象出反映事物本质联系的理论。这也就是所谓理性主义方法，即通过抽象的思维而获得真理性的认识。欧肯批判了与理性主义方法相对立的经验主义，指出后者虽然观察具体、面面俱到、表面上接近现实，但实际上却由于不能准确地把握各种内在联系而脱离了现实。同时，"提炼"也不同于只靠经验进行归纳和例证的方法。因为就事物之间的相互关系而言，现实中的联系往往具有偶然性，由多种因素造成，而要想揭示必然性的关系，就必须进行抽象的逻辑思维。

欧肯所说的提炼理论，主要可分为两个方面。一方面是从现实的各种经济制度中，提炼出"经济秩序的纯粹形式"，把历史上具体的多得不可胜数的"经济秩序"（经济体制）还原为几种简单而抽象的"要素形式"，形成理论上用来反映现实的"理想类型"（不是所谓"目标模式"，而是舍象了许多具体因素但仍反映现实秩序本质联系的"纯粹形态"）。欧肯根据他所认为最重要的体制特征即计划体制和信息结构，把历史上一切经济秩序归结为两种最基本的"类型"——"集中领导的经济"和"交换经济"，每一种基本类型又包含若干属于"亚类型"性质的纯粹形式。他认为任一地点任一时刻存在的具体的现实经济体制，都是由这些基本形态和纯粹形式当中的某几个以某种方式组合而成的。比如，欧肯举例说，1940年德国某工厂的职员A的家庭就同时在两个不同的经济秩序中进行经济活动：该家庭在花园里种植一部分自食蔬菜，是"简单的集中领导经济"；而他出去劳动，他的妻子外出采购，则属于"交换经济"中的环节。

另一方面的"提炼"，是在已经确定的经济类型和给定的其他"外定条件"基础上，推导出有关经济运行和经济变量决定的经济学"理论原理"。"外定条件"（data）一词，指的是人们在解决经济问题时所面对的不由自己控制的给定条件（左大培书中译为"资料"，笔者以前曾译为"背景条件"）。欧肯所认定的对一个经济系统的外定条件有六项：1. 整体的需要（其实应为人们的效用偏好体系）；2. 存货（主要指资本存量）；3. 劳动；4. 自然（各种物质生产条件）；5. 技术；6. 法律和社会组织，包括传统、意识形态等。欧肯认为，经济理论原理，就是反映一定经济秩序类型下各种外定条件之间必然联系的一系列合乎"充足理由律"的"假言判断陈述"（A 真，若 A 存在，则 B 存在）。这样"提炼"出的理论，是具有必然性的思维真理，只要前提条件存在，就是一般适用的。它们不一定具有现实性，因为其前提条件可能不存在；只有前提条件存在了，它们才能够被应用于解释现实的经济问题。因此，经济理论原理的特征就是：它作为思维结论的真理性，是不受时空限制的，但它的适用性则要受时间和空间的现实条件的限制。

欧肯的这些观点，本身都是大可商榷的。比如他关于划分经济类型的标准，只是一家之言。早在 20 世纪 50 年代，德国经济学家克劳腾就提出了用所有制作"横坐标"，决策机制（计划体制）为"纵坐标"的划分方法。在笔者看来，这种"提炼"方法就比欧肯的方法较能反映实际经济体制的本质差别。而他的关于经济理论原理的看法，则显然过于"静态"了。他根据"外定条件"的变化还会取决于其他非经济因素的事实，把关于这些外定条件本身变化之间的联系的分析和关于经济运行过程如何反过来引起外定条件变化的分析，统统排除在经济学范畴之外，并因此而否定"动态经济理论"的存在价值，其实只是反映了他所欣赏的新古典主义静态理论体系的局限性。

但是，欧肯这种提炼经济理论方法的一大优越性，就在于他清醒地看到了，经常被人当成认为普遍适用的一些经济学理论，其实只是在某些特殊的经济制度条件下才是适用的，看到了作为理论结论的"制度前提"的重要性。的确有一些可以在各种经济制度下都适用的经济学原理，那就是关于物质需要与物质生产之间的关系、投入—产出关系等物质变换关系的理论。但是，任何物质生产都是在一定的经济制度下进行的，人们的经济选择、经济变量的决定，都不可避免地打着"社会关系的烙印"。因而脱离了一定的社会经济关系，那些一般性的物质变换关系并不能说明任何实际的经济问题。欧肯的明智之处，就在于他一上来就先"提炼"社会经济类型，然后再在不同的经济类型中提炼与之相适应的理论原理。这就从根本上避免了"滥用"经济理论，避免了把从不同经济制度条件下得出的理论原理和理论结论当成一般适用的东西到处套用的"理论笑话"。欧肯自己提炼出的东西是否正确，他是否准确地看到了制度不同所导致的所有行为差异，我们可以另当别论，但他的这种思维方法，无疑是正确的。

这种思维方法对于我们中国经济学家似乎特别地具有启发意义。在西方二百多年资本主义经济条件下"提炼"出的经济学范式下进行"常态"科学研究的理论家们，或许根本无须顾及制度前提差异的问题。而我们，面对刚刚存在了几十年的公有制经济，要在这一特定条件下提炼出新的"范式"，首要的任务或许正在于要搞清楚制度特征、制度差异及其逻辑结果究竟是什么。

着重强调的抽象

这是欧肯对"提炼"经济理论时所使用的思维方法所贴的"标签"。这种方法具有以下特点：第一，它的前提是观察具体的实际经济；第二，它首先强调研究个别事实；复杂的经济现象是由无数个别现象构成的，不精确地说明个别事实，便不能说明整个复杂的联系；第三，它着重强调个别现象的各个个别方面，把每个具体的经济事实分解为构成它的各个要素，逐一分别加以研究，以便最终从各个方面说明完整的现象。这种抽象分析的结果，便是各种纯粹的经济类型和各种经济理论原理。

任何科学研究都要运用思维的抽象力，经济科学就更是如此。这种抽象思维的结果，便是一个个简单的、为说明某一事物某一方面联系的"理论模型"，特别是在理论展开始初级阶段上，就更是如此。只有通过一个个抽象简单的理论模型，逐一说明了各方面的联系之后，才能最终达到综合的阶段，完整地说明复杂的经济现象。由此推论，我们可以找到一个评判理论成熟性的标志：简单的理论不一定成熟，但成熟的理论必然能把复杂的问题归结为若干简单的理论模型来加以说明。经济理论从成熟到不成熟的过程，也正是概括再概括、抽象再抽象，使理论"空气"越来越"稀薄"、越来越具有"抽象美"的过程。这种抽象所导致的结果，自然是使理论往往看上去与现实大不相同，远离实际过程，并因此可能使某些理论家真的钻进"象牙塔"出不来，但这并不妨碍正确的抽象所具有的真实反映本质联系的理论力量。那些经验主义的、甲乙丙丁、ABCD罗列现象的"理论"，正如欧肯所说，看上去总也不脱离实际，但并不能真正说明实际。

具体地应用理论

正因为理论原理是抽象的，只是反映着个别经济现实的某一方面的联系，因此在运用它们分析具体经济现象的时候，就应格外小心：第一，要注意理论所赖以成立的那个或那些特定的前提条件是否存在；

第二，要搞清楚一个具体事物究竟由多少个别经济事实、多少个别方面构成，因而需要运用哪些理论来进行说明。这就是欧肯所说的要"具体地应用理论"。在前提条件不存在的地方应用由该条件推导出的理论，是把理论用错了地方。而反过来，在前提条件不存在时理论不适用，不能说明问题的情况下，断言该理论是错的，就叫作"无的放矢""瞎批一通"，也说明下断言者还根本不懂理论是怎么回事。

从一定意义上可以说，应用理论说明具体现象，要比构造理论本身更难。确定一个前提条件，推导过程中逻辑上不出错误，得出的理论就总是具有欧肯所说的"观念上的真理性"。但要应用理论说明具体问题，就要作一系列复杂的研究，确定现实中究竟存在哪些具体条件，有哪些理论能够应用。这还仅仅是如何说明具体现象，而如果要预测未来或者制定政策、"塑造社会"，显然就更复杂，因为这时还要对未来可能出现的新的条件和原有条件发生的变化，作出事前的预期，从而又增添了许多"不确定"的因素，一个因素没有估计到，就会发生政策失误，甚至适得其反。

欧肯的经济学方法论体系中的许多内容，前人也都有所论述。但是，将这些内容联系起来作一番系统、详尽的阐述，在经济学家中是不多见的。并且，他不是就方法论谈方法论，而是有自己的一套理论体系和政策主张为基础，更有现身说法、经验之谈的优点，给人以思维上的启迪。我想大概也正是由于注意到了这种特色，左大培博士才用了过半的篇幅，把评价欧肯的方法论体系，作为他全书的重点的吧。

1989 年 8 月 6 日

第四讲

道理的一般与一般的道理

　　斯蒂格勒（George J. Stigler）在 20 世纪 50~60 年代对现代经济学所作的贡献，现在大多已写进西方经济学教科书了（虽然一般只出现在专业性较强的教科书中），但对于中国的经济学读者来说，许多东西恐怕还相当陌生。潘振民翻译，上海三联书店出版的论文集《产业组织和政府管制》① 一书应该说是弥补了这方面的一大块空白。书中所收斯蒂格勒 11 篇论文，可分为三部分内容：（一）产业组织理论；（二）信息经济学；（三）管制经济学。在这三部分中，产业组织理论的一些内容，如规模经济与市场结构的关系、竞争与垄断的关系等，或许国内已有的出版物作过一些介绍，而后两部分即信息经济学和管制经济学的内容，迄今尚未见到中文版的"西方经济学"教科书中有所包含，也未见到有专著加以系统介绍。所谓填补空白，我想首先是在这两个方面。这两方面的理论经斯蒂格勒首创，二十多年来有了许多发展，因此仅这本书很难说空白就已全部填补上了。但理论创始人的著作的经典意义就在于它已包含了最重要的基本思想和基本方法，指出了进一步研究的思路和方向。

　　在许多方面，读这些原著比读教科书中条理清晰但形式化很强的叙述，要更有味道：我们可以知道更多的思想内容，而这些思想内容往往是被后来写教科书的人当做"已知常识"省略掉了（若干

---

　　①《产业组织和政府管制》，斯蒂格勒著，潘振民译，上海三联书店，1989 年
10 月第 1 版。

年后它们的确已经变成了一些人的常识）；我们可以了解理论产生时所面临的特殊问题和特殊背景，以及它当时面对的各种批评意见。理论的价值和它之所以能成为一项知识遗产保存下来的生命力，正是在这些现实背景和理论争论中显示出来的。这些文献还可以表明，新理论是怎样产生的，什么是"货真价实"和有生命力的"理论创新"，它们能使我们头脑更清醒些，更少些"无知的狂妄"。

道理的一般与一般道理

如果说产业组织理论是对经济学原有内容的一种"深化"的话，信息经济学和管制经济学可以说是对经济学研究范围的一种"扩充"——它是将经济学的基本原理或"一般道理"，即建立在损益比较基础上的理性选择和经济均衡理论，伸延开去对信息和政府管制这两种特殊的"经济物品"的供求关系及均衡"产量"的决定，进行系统的理论分析。"信息"不是无代价的，它是通过费时耗力的"搜寻"活动"生产"出来的。而人们之所以去花费成本收集整理信息，是因为它是能够带来收益的，要么是可以因发现更低的价格而买到便宜货，要么就是可以通过获取信息找到更省力的方法生产出某种产品。当看到人们还在努力搜寻信息的时候，那一定是因为这种努力的（预期）边际收益还大于其边际成本，而人们到达一定程度后停止搜寻，从理论上说一定是因为在这一点上的预期边际收益与边际成本相等，再搜寻下去所付的成本要大于一单位新增信息所能带来的好处了。由此而论，要求信息达到"完全"，是不经济的，有效率的信息完全程度，只是与信息边际收益等于边际成本相适应、与"信息市场"上供求均衡相适应的那种完全程度。因此，所谓"完全竞争"（其界定条件之一就是"信息是完全的"）是不现实的，也是不经济的，"我们达到的不是完全竞争，而是社会最佳竞争程度"（见该书第 10 页上的引文）。政府管制也是如此。由政府出面对一个产业的价格、生产数量、厂商规模、厂商数量等进行管制这件事本身，在斯蒂格勒笔下也是一种并非免费的"物品"（或财货，总之，是 goods），并且正是因为它是"财货"，能为某些人提供某种利益或满足，才被费时伤神地生产出来。对于原来处于竞争市场中的厂商来说，管制能给它们带来垄断利润，对于原来处于垄断市场中的消费者或一般买方来说，管制（如价格管制）能提供更多的消费者剩余，于是人们才"想起"要进行某种管制（当然是"管别人"而不是管自己）。但厂商或消费者自己都不能实行管制，而要借助于"社会强权"即国家机器，于是便发生了政治游说、资助政党、帮助竞选以至提供贿赂等管制的"生产成本"（从社会角度看，由税收支付的、实施管制过程本身所需的费用，也是一项成本）。这样，实行不实行管制、管制到什么程度，哪些市场会发生管制，哪些市场不易发生管制，何时会发生管制，管制条件下的价格和产量会定在怎样的特定水平等，便都取决于一定条件下成本和收益的对比关系。

　　道理一经说破，不仅会显得直截了当，也会显得如此"一般"（"无非是……"）。其实，正是一般的道理才是一般道理。而如此直截了当又如此一般的道理竟然是直到 20 世纪 60 年代我们这一代人出生之后才被应用于信息问题和政府管制问题，形成正式的理论

(经济信息问题可以说是从盘古开天就存在了，而现代政府管制，从30年代算起也存在几十年了)，倒不禁令人思忖：是否还有什么直截了当的道理有待我们去说破？特别是在我们所面对的特殊经济问题中，还有哪些道理未被"一般道理"说破？

管制也是"内生变量"

政府管制是一种特殊的经济组织形式或经济制度。在传统的新古典经济理论中，它像所有制以及政府经济政策一样，被视为经济体系或反映这一现实体系的理论模型中的一个"外定条件"，当做"外生变量"来处理（其他的外生变量还有资源存量、技术知识以及国际环境等），在给定"管制"（比如"价格上限"或"税率"）的前提下，研究人们的经济行为和各种"内生变量"（产量、供求等）的决定过程。所谓内生变量与外生变量的一个差别就在于，前者是经济学本身要予以说明并且能够予以说明的；而后者，虽然经济学家也要研究它的变动对经济体系和各种内生变量的影响，但对它本身变动的原因和所处的状态进行说明，却不被视为经济学的任务。斯蒂格勒的首创性就在于他把管制本身也当做一种内生变量来进行经济分析——人们不仅在一定的条件下选择生产什么和生产多少物质产品，也选择他们所需要的社会环境和经济制度，包括选择"管制"。那些面临竞争威胁的厂商之所以选择并谋求对"进入"同一产业的厂商数目进行管制（"经营许可证制度"），是因为这样做可以因减少竞争对手而获得垄断超额利润。某些产业造成的环境污染有害于周围和全社会的生活质量和健康寿命，于是从经济内部产生出对这些产业进行管制的要求，减少污染而使人们因寿命延长、生活环境改善所增加的效用满足，便构成要求进行管制的内在动机。因此，管制不是固有的，也不是什么人从外部强加给经济的，而是由经济内部符合逻辑地产生的，是人们出于利弊得失的考虑而争取来的。所以斯蒂格勒也称他的管制理论为"争得的"管制理论："管制通常是产业自己争取来的，管制的设计和实施主要是为受管制产业的利益服务的"（第210页），"管制服从产业的需要"（第261页，请注意斯蒂格勒的这几句话特指的是管制有利于厂商的情况，但这当中的一般原理也适用于其他情况）。

前面曾指出管制理论是对经济学研究范围的一种扩充，而这里我们就进一步看到了这种扩充的性质：它是把经济学原来当做外生变量的政府管制"内生化"，"拉进了"经济学的研究范围，将其作为内生变量来加以分析处理。管制理论也好，信息经济学也好，以及新制度学派的理论（把私有制市场和企业等经济制度当做内生变量来加以考察）和"创新理论"（把"技术进步"当成内生变量来考察）等，都表现出人们力图把以往的外生条件转化为内生变量加以研究的努力；而经济学的视野，也正是在这种"内生化"的努力中逐步"开放"，逐步拓宽的。从这个角度说，了解掌握管制经济学一类理论的意义，不仅在于这一理论的内容本身，而且还在于掌握它用一般原理将各种特殊经济问题一般化的方法。不掌握这种方法，我们只能总是跟在别人的后面学习别人的理论，而不能创造性地解释我们自己面临的特殊问题。

谁在管制和对谁的管制

政府管制，也称"公共管制"（Public regulation）。损益比较、理性选择、势力均衡这些经济学的一般道理，在应用于对政府管制这一现象的分析过程中，遇到的一个特殊的观念上的障碍就是：由于管制总是政府的管制，而政府在人们（包括经济学家们）的心目中总是或者说"总应该是"公共利益或全社会利益的代表，因而管制的形成过程，也就自然地被认为是政府出于最大化社会福利的考虑而实行的一种政策；而经济学的任务，便似乎仅在于分析出市场自发运行的结果会有哪些"不尽如人意"之处，按社会福利最大化标准衡量有哪些效率损失，从而论证政府"应该"在哪里出面实行管制，以达到效率改进的目的，或者，指出在政府管制中存在哪些"偶然犯下的错误"（第 211 页），应该如何改正，等等，如此而已。斯蒂格勒克服障碍迈出的重要一步，就在于他看到了在政府采取的管制措施的背后存在的一系列实际经济过程，看到了管制以及出面实施管制的政府与各种特殊利益集团的经济联系，看到了管制这一现象背后的利益矛盾和目标冲突。政府应该代表社会全体的利益。但"应该"做什么是一回事，实际上做什么是另一回事。西方国家现实中的政府是由政党和政治家们构成的，他们在竞选中获胜因而取得公职。对任何政党或"政客"们来说，竞选胜利不是免费的，就像对社会来说民主不是免费的一样。而正是这种免不了的"费"，构成了政府行为的经济背景。"金元选票"能够买到物品，也能够

"买到"政府管制，虽然在表面上，政府宣布的管制目标总是为了社会或公众的利益。斯蒂格勒之所以注意用管制的实际效果来"识别管制的目的"，正是为了说明管制背后真正的利益动机，搞清楚究竟谁是一项管制的受益者而谁是受害者。用行为主体的实际目标或动机来解释经济行为和经济现象，应该说是经济学的一个基本方法。"所宣布的目标和实际效果的不符，或许源自选错了政策，而犯错误是人类行为的固有特点。但人类并非依赖犯错误为生。如果一项经济政策为许多地区采用，或为一个社会长期推行，那就完全有理由假定，真实效果是预知的并正是希望得到的。用犯错误或缺乏分辨能力来解释一项政策，等于什么也没有解释"（第237页）。在此我们也可以看到，那种不用利益目标而一味用"错误"来解释经济现象——无论是宏观的还是微观的经济现象——的经济理论，其实还很难称其为经济理论。

政府在具体问题上可能代表了某些利益集团的特殊利益，但政府本身毕竟仍然是一个公共机构。这里所谓"公共"的涵义，就在于你可以设法利用，我也可以设法利用。一个集团比如说某一厂商集团利用政府对产业实行管制，导致垄断价格形成，购买该产业产品的消费者为什么不能也采取"联合行动"，为取消该种管制而斗争呢？原因恰恰也在于：反管制也是要花费成本的，也要有人来组织、串联、游说、竞选以至贿赂等。原则上说，只有当通过这种反管制活动最终得到的好处（这里即价格下降所能带来的好处），大于反管制所需花费的成本（时间、精力和金钱），人们才会进行实际的反管制活动（它才是"值得的"）。一方面是"压迫越深，反抗越重"，另一方面是谁"省工"谁得利，总之是不仅要看到受管制的损失，也要看到反管制的成本。而这也就说明管制的范围和程度也会有一种"均衡水平"，是一种谁也不想也不能再做改变的状态。思考这个问题也和思考其他经济问题或一般社会问题时一样，要把"对方"的行为也当做任何一方行为的一个约束条件：我们不能只想"如果有（或没有）管制"情况会怎样、好或不好，而是要想到只要对方有利可图他就一定会去争取（或反对）管制，你的行动必须以此为前提条件，而不能把对方不为自己利益而采取行动为前提。并且，当你在为自己的利益最大化而努力的时候，你不能把别人同样最大化他自己利益的行为当成他的一种"错误"（对你来说那是个"错误"，对他来说，则是正确）。两个人下棋，怎么能说对方要吃你的老将是一种错误呢？经济学作为一门社会科学的特点，就在于要想对一种经济行为或经济状态进行"对错"或"好坏"的判断，就要先认真思考一下：你所用的那个价值判断标准究竟是"谁的"？

经济学家的"书生气"

斯蒂格勒当初曾批驳的一个观点就是那种假设政府以及政府管制必然代表"真正的公共利益"的理论。在他所倡导的管制经济学形成之后，这种观念也并没有完全消除。我们在经济学文献中经常可以看到：一方面，许多理论家从政府管制符合公共利益这一假设出发进行论证，而论证的结果便往往是发现现实中的某种管制如何存在"错误"；另一方面，即使承认现实的情况并不那么美好，许多经济学家也仍然想方设法从公共利益或全民社会福利出发，论证政府应该做什么，应该如何对管制措施进行改进，不再代表个别集团的特殊利益。这种总是指望不会发生的事情发生的经济理论不能正确反映现实过程的性质，结果是表现为经济学家本身被排斥于管制的现实过程之外："有趣的是，在任何一个联邦管制机构（联邦储备委员会除外），没有哪位委员是经济学家，连安置一个做做样子的都没有，因为经济学家更忠于他们的大学，不那么忠于受管制的产业。"（第261页）译者潘振民，对此现象也很重视，特意在上面引的这句话中加了一个"译者注"（这里顺便提到，这本译著充分体现了研究者作译者的无可比拟的优越性）："意即经济学家更可能按经济理论办事，这将不利于受管制产业"（第262页）。如果让我来加注的话，或许还要再加上一些修饰词："……经济学家更可能按那种认为政府应该以社会公共利益为价值标准进行管制的经济理论办事。"这种现象的有趣之处恐怕正在于：在经济现实中，代表全民利益的往往并不是政府，而只是经济学家自己和他们的那套理论。

这绝不是说对公共整体利益或社会福利标准的研究是毫无意义的，也不是说经济学家不应该努力促使政府更好地为公共服务。事实上，经济学家的"无用"与"可爱"同出于"书生气"。"不食人间烟火"的人，自然不会知道实际上如何生烟点火以成美餐，但若完全没有不食人间烟火的"圣贤"，天下恐怕又会过于"乌烟瘴气"了。没有"全民利益"这么个"参照系"，在理论上往往很难清楚地说明一项政府管制措施究竟主要代表了哪个利益集团的特殊利益，而没有经济学家在"管制委员会"之外的"大声疾呼"（毕竟，一个理论家作为理论家的呼声多少总会比一个普通公民的呼声更容易被人听到和听进），现实自发达到的"均衡点"恐怕离全民利益最大化更远。从长期的全民利益或社会福利最大化的角度分析问题，并以自己的观点促进效率的提高和社会的进步，确实应该说是理论经济学家（也就是那些忠于"大学"价值标准的经济学家，有别于公司经济学家或政府经济政策研究家）的"天职"或"职业道德"。不过重要的问题还是在于：作为理论家，需要清楚地认识到，理论上最美好的东西，往往正是那些只具有"参照系"意义的东西，而现实世界并不总是按照最美好的方式运行的。不能跳出某些习惯的思维方式，便不能正确地说明实际中发生的许多现象，或者只能把许多经济问题归结为某些"偶然的错误"；而若不能正确地解释现实（这应是理论的首要任务），也就不能找出解决实际问题、改善现实状况的切实可行的办法，设计出的"理想模式"再完美，到实际中人们却总是不按"应该"做的去做。"除非我门已正确地揭示了政治生活的基本机制，否则改革者将在缺乏有关知识的情况下去利用国家进行改革。……经济学家应在理性政治行为理论的基础上，尽快地使自己能为实践改革颁发执照"（第232页）。

第五讲

思维方式上自我批判

经济学研究方法的发展演变，历来是受其他学科的影响的，特别是哲学家、科学家关于方法论的论述，更是起着重要的作用。比如在现代经济学发展史上，波普尔的否证论，库恩的"新常态科学"说，拉卡托斯的"科学研究程序"说等，都对经济分析方法的发展，产生过重要的影响。但是，对于专业经济学家来说，更有直接影响的还是经济学家自己关于方法论的论述，它们一方面反映了整个人类认识方法的演进，同时又更切合于经济学自己的问题。

20 世纪经济学方法论的讨论，主要是围绕抽象演绎法与历史描述法哪个更适合于经济分析的问题展开的。李嘉图、西尼尔等是抽象法的代表；李斯特、罗雪尔代表历史学派；马克思赞同经济学必须运用抽象力，又指出科学的抽象方法包含着逻辑与历史的统一。作为 19 世纪方法论争论的总结和 19 世纪讨论的开端，J. N. 凯恩斯（John Nevill Keynes，"凯恩斯革命"中同名人的父亲）1891 年出版的《政治经济学的范围与方法》在思想史上占有重要的地位。作者明确指出，在经济学的理论分析中，抽象演绎法具有决定性的意义；同时又指出，实证理论中逻辑演绎必须以观察为前提、为起点，而不像西尼尔、凯尼斯那样认为只需从几个基本的、公理性的假设出发。L. 罗宾斯（Lionel Robbins）1932 年发表的《论经济科学的性质和意义》被称为是 20 世纪中最重要、最被广泛引证的经济学方法论著作。仅就方法论而言，罗宾斯认为经济理论分析的出发点应是从普通的常识经验中就能直接概括出来的一些基本命题。由于这些命题比个别的经验事实更具有一般性、更加可靠，从而保证了逻辑演绎方向和结论的"可应用性"（不是检验理论命题本身）；而在应用理论的时候，则需要有更多的"附加假定"，因为理论的可应用性是依特殊的历史条件而定的。虽然罗宾斯的著作也引起争论，但是现代经济学史上关于方法论的一次大讨论却是由 T. 哈奇逊 1938 年出版的《经济理论的意义和基本假设》引起的。在这部著作中，作者把当时哲学"维也纳学派"的逻辑实证主义（也称逻辑经验主义）介绍给了经济学家。不同于哲学家将"有意义的科学命题"分为两类，即可由逻辑规则加以检验的"分析陈述"和可由经验事实证或证伪的"假设陈述"，哈奇逊认为经济学的逻辑实证主义要求区分三种命题：属于纯理论的分析命题，属于应用理论的假设命题，以及归纳推断结论。他突出地强调了经济学命题必须具有可检验性，即使是纯理论的分析命题，其科学价值最终也在于它是在获得可由经验验证的经济规律的过程中不可缺少的一个环节。这种思想的某些方面在米尔顿·弗里德曼（Milton Friedman）1953 年的论文《实证经济学的方法论》中获得了进一步的发展（这篇论文被认为是战后年代中最重要的方法论著作）。弗里德曼把"预测"效果作为检验理论假设的根本标准，指出："实证科学的最终目的，是发展一种'理论'，或一种'假设'，从中可以产生对尚未观察到的现象的有意义的（并非陈词滥调的）预测。"并把科学定义为"一组实质性的假设，而构造这些假设的目的是为了抽象出复杂现实的主要特征"。他还明确地强调了否证论的意义，认为经验事实永远只能"否证"假设，而不可能证实假设。值得特别指出的是，经济学家并没有在引入经验主义方法的同时否定抽象理论研究的重要意义。F. 马奇拉普在 20 世纪 50 年代关于方法论的一些论文中，强调了那些不可观察到的因而不可直接检验的抽象经济范畴（如效用）在理论分析中的重要作用。他批判了"极端经验主义"，认为"间接可检验性"就足以保证抽象的理论范畴在经济分析中的意义。T. 库普曼则在《关于经济科学现状的三篇论文》（1957）中，强调了抽象的、非现实的理论模型的重要意义，指出它们以简化的形式表现了复杂的现实的不同方面，从而有利于深入地认识事实。只有在此基础上才能逐步引入更多的因素，构造起可检验的、更接近现实的经验假设；而没有理论模型，经验材料就得不到科学说明，甚至会从中得出错误的结论。

以上提到的这些论著，就像一些里程碑，标点着现代经济学方法论的发展历程，围绕这些论著的讨论和思考，推动着经济学研究方法日趋成熟、严谨，逐步形成了今天普遍自觉使用的具有明确的科学规范的理论实证方法。这种方法由理论抽象和经验检验两个相辅相成的阶段构成，既强调抽象理论的建立和逻辑演绎的重要作用，又时刻注意用经验材料对理论进行检验和修正。打开现代经济学著作，我们看到的，一方面是理论的高度抽象性和作为抽象思维重要工具的数学方法的广泛应用，复杂的经济关系被从不同方面概括为一些简单抽象的数学模型；理论模型的建立和说明总是被视为经济分析的首要任务。而在另一方面，经验分析也占据了越来越大的篇幅，计量分析方法日趋完善，理论命题或模型也越来越明确地具有"经验假说"的性质，一些几十年前就提出的理论，至今仍被称为假说从各个方面进行着严格的经验检验。今天，现代经济学已获得了"社会科学皇冠上的明珠"的美誉。这不仅是因为其重要（关系国计民生），也不仅是因为其艰深（其理论著作常为他人所不敢问津），也是由于其理论分析方法在它自身特殊条件的范围内，已发展到可与自然科学媲美的程度。

无论有关方法论的一些名词概念如何不同，我们中国的经济学家，对于经济学必须运用"抽象力"，"从具体到抽象，再从抽象到具体"，"理论必须来自实践"，"实践是检验真理的唯一标准"等原则总是不会陌生的。无论你是说天下人跳不出马克思主义"如来佛手心"也好，还是说西方社会科学方法论包含着"可以借鉴的因素"也好，我们中国经济学家对于现代经济学的这种理论实证方法应该是能够理解、能够欣赏的。但是，回过头来看我们自己的经济学研究，不能说完全没有应用上述一些"普遍真理"，但至少应该承认还处在较低的水平。我们的理论思维方式和分析方法，迄今存在着二重的缺陷：首先是缺乏实证的精神。理论往往不是从现实中概括出来的，而是从一些先验的原则或"理想"中推导出来的；理论家往往仅致力于考证和注释前人语录，而不是首先力求实事求是地说明现实的经济关系实际在如何运行、事实上存在着哪些规律。经济学的任务似乎就是要"教导"人们应该如何行为，一本"社会主义政治经济学"教科书写得就像是一套"训诫"，一切不符合这套训诫的事实都被说成是应该纠正的"错误"而排除于被考察的理论模式之外。而由于理论不是从现实中概括出来的（甚至以"不承认事实"为特征），自然也就说不上对理论的经验验证。其次，又缺乏抽象思维的能力，既不能从现实的具体关系中概括出抽象的理论以把握现实，又不善于把复杂现实中的各种因素首先抽象开来加以分析，经常只是进行一些笼统的经验分析，属于不同层次的理论问题也常被混淆在一起。这样的理论显然难以成为政策的指导，政策分析也因此缺乏有力的理论依据，只能是头疼医头脚疼医脚；贯彻政策的结果也常常是"出人意料"，或是重新陷入困境。

总之，我们理论的落后，也是与思维方式的缺陷密切相关的。

理论的落后以及思维方式中存在的缺陷，原因自然是多方面的。过去几十年间我国特殊的经济、社会、政治、意识形态的状况，无疑是造成思维方法得不到健康发展的重要原因。但是，仔细追究下去，思维方式的缺陷本身又是我们过去那种教条主义、长官意志、左倾僵化盛行的社会状态的原因之一。况且，改革开放之后，经济学界的学术空气应该说是在社会科学诸学科中相对较好的，但理论思维方式却也很难说有了大的改进，对那些已经引进了的现代理论往往也是词句懂了，却总也不能把握、理解和运用贯穿在其中的思维分析方法，从而总也不能把它们真正变成自己的理论。因此我们不否认外界条件的作用，但也应该作些自我反省，找一找内在的原因。

一个（不是唯一）重要的因素是，作为中国知识分子的一部分，我们传统上缺乏严格的实证精神和抽象思维的能力——在别的领域里这也许并不突出，甚至称不上是缺陷，但在经济学这个"皇冠明珠"的领域内，我们就显得特别地"先天不足"。

经验主义哲学的鼻祖之一，法国哲学家孔德曾经把西方各种知识的发展过程分为三个阶段：神学阶段、形而上学阶段和实证阶段。我们不必同意这种简单的划分和孔德的"极端的经验主义"，但可将这种划分作为一种参照系，来对照一下中国的知识传统给我们留下的痼疾。

我们的古学问，没有经历过一个严格意义上的"神学阶段"，甚至从来未形成严格意义上的自己的宗教。我们没有一个绝对的、在一切人之上的上帝；盘古开完天地后便不知去向了，接下去的是"三皇五帝"。三皇者，天、地、人皇，前二者主管自然，后者主管社会，并似乎从来就是"人"，后来存在于现实生活中主管社会的"皇帝"就更既是现实中的人，又是"天子"，于是有天人合一。天人合一，产生了两方面的结果：一方面是既不形成真正的宗教，也形不成宗教对社会、对人的思维的绝对统治。中世纪的中国在思想领域内没有西欧那么黑暗，祖冲之不会像希柏提亚（公元 5 世纪亚历山大里亚女数学家）那样被活活剐死，从而导致了我们中世纪的古文明还算灿烂。另一方面，没有一个万能的、无所不在的、非人的上帝，人的"主观能动性"便总有发挥作用的余地（当然这主要是在"人治社会"的领域内）。天子有按"朕意"行事的自由，知识分子们也可以根据自己的愿望（或按古人的遗训）构造出理想的模式劝谏君主、教化百姓，令社会照此运行。现实社会总是不可人意的，但既然天人合一，人可以支配一切，又有什么客观必然性需要实证呢？因此对社会问题的实证研究至少总是处于第二位的。事实上，西方知识的神学阶段从两个方面催化出后来的现代实证主义方法：教会的专制，迫使伽利略们必须小心求证到证据确凿——如此尚不能打破愚昧和偏见，不如此就更要被视为"巫术"了；另一方面，宗教本身，使得存在着不以人的意志为转移的外在必然性这样一种观念，在西方人的心目中根深蒂固，"自然规律"这样的概念很早就出现在西方社会科学包括经济学的著作之中，并成为小心求证的对象。我们没有宗教，却也就从这两个方面使得实证精神，特别是社会科学研究中的实证精神，迟迟不得降生。

　　神学思维方式的瓦解，西方近代实验科学和数学的形成，同时成为哲学形而上学以及抽象思维方式发展的重要原因。并不是像有些人以为的那样，盎格鲁—撒克逊人和日耳曼人天生习惯于抽象思维，抽象思维能力的形成既取决于人的认识能力，也取决于思维任务本身。一方面，为了填补宗教迷信被打破后出现的精神空白，人们需要以理性代替神性，以思辨代替迷信，回答宗教想要回答的那些问题；另一方面，当人们还只能分门别类地深入研究宇宙的某一方面的时候，抽象思维便构成了由某一方面的知识过渡到以这种孤立的知识为基础对整个宇宙和社会加以说明的形而上学哲学之间的必不可少的桥梁（以数学为基础的先验论和以力学为基础的唯物论）。文艺复兴后出现的各种哲学体系，既是抽象思维的成果，也构成训练抽象思维能力的课堂。而在中国，由于从来不存在严格意义上的神性与理性的对立，也就从来未提出过以抽象思维代替神学教义的任务。就有关社会问题的古学问而言，天人合一，天人交感的直接结果是神性和理性长期的和平共处又相互抑制，"理论"的研究或是表现为对"知天命"的圣人之言作不厌其烦的考证、注释，或是表现为对历史事件作经验的描述和实用主义的解释，以为统治者或造反派们提供"资治"的"殷鉴"。而在有关自然的探讨中，由于人的认识能力低下，神秘性总是占上风的，但这种神秘性似乎从一开始就把喜欢将"管不了"解释成"不屑去管"的知识分子们驱赶到看上去较能有所作为的"治人之道"的研究中去（这可算是我们古代"重文轻理"的原因之一）。结果，五谷耕耘，四大发明，从孔夫子起就成为"小人性之作"，张衡、李时珍等也是从不入"学问家"正流的。而当一个民族的知识精英都不去研究自然，关于自然的知识便必然长久地停留在农民与工匠的经验或"祖传秘方"之中，既不能上升为现代意义上的科学，也不能培养出自觉的理论抽象思维能力。

经济学特别需要运用实证的、抽象的思维研究方法，但经济学又属"文科"，在我们这个文明以"文科"为"强项"的国度中，同属"舶来品"的经济学，比起自然科学诸学科来就更容易受到传统思维方式的束缚，因为后者我们本来没有，只好老老实实地学习，而前者，却很容易把学来的东西先放进我们自己的传统思维模式中去筛滤一番。既要当学生，又放不下架子，放不下那个沉重的包袱，这就是我们今天虽然引进、介绍了那么多理论（包括马克思主义理论），却常常总是只学了些名词概念，却不能领会和掌握那些理论的"精神实质"，一离开那些理论形成的特殊背景就迈不开步的一个重要原因。

结论是明显的，中国的经济科学要想取得实质性的进步，就需要我们经济学家们在思维方式上作一番深刻的自我反省、自我批判，冲破外界的阻碍有时倒容易，难就难在克服我们自身传统的束缚。

效率、平等与经济学的职责范围

经济学家面对社会、面对公众，从来要回答两个方面的问题：经济是如何运行的，经济问题是如何产生的？以及，经济应该如何改进，应该如何运行才更令人满意？

在古典经济学的时代，这两方面的问题通常是被放在一起论述的。只是从19世纪末以来，经济学家才开始较为明确地将两个方面的问题严格地区分开来（在此过程中，J. N. 凯恩斯在《政治经济学的范围和方法》中关于区分两方面问题的论述，至今仍被视为不可不引证的经典），经济理论也逐步明确地分为两个部分：实证（positive）经济学和规范（normative）经济学（主要指福利经济学）。前者研究经济"是怎样"，后者研究经济"应该怎样"，而实证分析又构成规范研究的前提和基础。当然，这并不是说人们不能在一篇文章或一本著作同时涉及两个方面的问题，但在现代经济分析中，它们的界限总是很清楚的。常见的情况是，学术论文中，首先进行实证分析（理论抽象和经验检验），然后对实证分析的结果作出规范性的判断，并探讨对其进行改进的可能性，最后指出以上分析的"政策含义"，提出自己"改造世界"的主张。无论具体作法如何，在概念上严格区分经济分析中的两个方面的问题，并且把实证分析放在首位，都是必要的，否则便哪个问题也得不到充分的说明，更不能说明不同问题之间的相互关系。在实证分析中，必须首先做到客观准确，不带价值判断的主观色彩：在规范研究中，必须明确所讨论对象的实际性质和每一项政策建议所可能产生的后果，越是紧迫地需要拿出政策、拿出改革方案的问题，就越要求首先搞清楚问题实际出在哪里。我们的经济政策之所以常常"下错了药"，或者得到一些意想不到的结果，是与不能区分经济分析中的不同问题，急于下判断、出"对策"，而不是首先搞清问题实质这样一种不科学的理论方法分不开的。

政策主张不仅依赖于对经济的实证分析，而且还依赖于对实际经济状况所作的判断。就是说，在"是怎样"和"应该怎样"的问题之间，存在着一个中间环节：人们必须回答，目前的经济状况或经济结果是好还是不好，是理想还是不理想，程度如何？只有先回答了"是否应该改进"的问题才能提出"如何改进"的问题。这种判断，既是实证分析与规范分析的中介，也构成了规范经济学的第一项内容。

但是，经济学如何进行判断，依赖什么标准进行判断呢？

许多人似乎已经习惯地认为，经济学要进行两种判断，一是效率判断，二是（以平等为代表的）伦理判断或价值判断，而由于（在动态过程中）效率的增进往往引起收入的不平等，收入过于平等会减损人们追求效率、发挥能力的动机，过大的收入不平等又会引起利益冲突，导致经济摩擦，从而造成效率损失，等等。因此效率与平等被视为经济学中一个最基本的二难问题，必须在二者之间进行权衡，使任何一项经济政策不过分地损害其中的任何一方。

我们并不否认经济学要涉及以上两种判断标准，但是，一个十分重要的、但至今对许多人来说仍然模糊不清的问题是：在上述两种判断标准中，究竟哪一种标准是经济学本身所特有的标准，是由经济学并只有经济学才能作出的判断，哪一种则不是它本身提出的标准和所能作的判断？

效率标准，显然是经济学本身的标准；效率判断是经济学所能作的判断。这可以用反证法说明：其他任何学科都不研究生产是否有效率、资源配置是否合理的问题，因此都不能以效率为标准对经济进行衡量和判断。在一定的资源技术条件和财产收入分配关系下，经济是否最大限度地发挥了各种生产要素的生产潜力，是否提供了充分利用资源的激励，资源配置是否符合社会需要等，是经济学的特殊研究对象，因而只有经济学能对这些问题作出科学的判断（反之，不作或不能作出这种判断的，也就不能算作经济学）。

而伦理标准，显然不是由经济学提出的标准，伦理判断，也不是经济学家作为经济学家所能作的判断。我们可以仔细思考一下，平等、正义、自由等伦理标准，哪一个是经济学本身的研究对象呢？仅就平等而言，为什么要有收入平等？为什么不劳动者不能得食？在现代经济发展水平下，怎样的收入水平算是"贫困线"，为什么？等等，孤立地看都不是能由经济学本身所能圆满回答的问题。

事实上，所有伦理标准，只有在它们与经济效率的关系中，只有那些因素对经济效率产生影响的条件下，才进入经济学的研究领域：是收入均等还是机会均等更有利于提高效率，实现资源合理配置？贫富过于悬殊是否会损害效率？是经济自由还是经济统制更能发挥各种生产要素的生产潜力？可见，经济学家对经济制度的合理与否，对经济政策的正确与否所作的判断，归根到底只是效率标准，它甚至要对伦理标准进行效率"再判断"。

这并不是说经济学家就除了效率什么都不考虑。但是，如果他脱离了效率这个根本的标准而考察平等、自由或社会正义，他们严格地说不是作为经济学家出现的，而是作为政治家、哲学家、伦理学家或普通公民的身份出现的。只有当他最终以效率标准对问题作出解释的时候，他才是作为经济学家发言。

经济学之所以要涉及伦理判断，是由于社会给定的伦理标准，事实上构成了经济学效率分析的一个限制条件。所谓效率与平等的二难问题，正是由于经济学家既要追求效率又不能忽视社会伦理原则才产生的：经济学家必须以社会作出的伦理判断为前提条件，提出既能最大限度地取得效率又能满足社会价值标准的经济政策。阿瑟·奥肯（Arthur M. Okun）在关于这个问题的名著《平等与效率》（中译本，四川人民出版社，1988）一书中曾提出一种"漏桶实验"的方法，其意义就在于通过这种实验让公众对平等的标准作出明确的选择。经济学家能做的是：告诉公众每一种收入平等的要求会造成多大的效率损失（漏出多少），原因何在。但究竟选择一种怎样程度的平等，效率和平等之间采取怎样一种平衡为好，则必须由公众和政治家、伦理学家们表态决定。奥肯的这部著作其实正充分表明了他所担任过的"总统经济顾问委员会主席"这个半经济学家半政治家的职位，如何使像他这样的经济学家深切地感到政治、社会伦理原则等经济学的外部因素，是对旨在保证和提高效率的经济政策的制约和限定。

规范经济学即福利经济学近几十年的发展演变，也说明了经济学家们越来越清楚地认识到了价值判断的外在性和这种外在标准对经济分析包括规范分析的制约。在早期由西奇维克、马歇尔、庇古发展起来的旧福利经济学中，"社会福利"概念中包含的价值判断因素是不明确的，人们没有充分意识到在个人之间的效用比较中或在社会福利函数的构造过程中，包含着一部分人（至少是一个人）对其他人的福利的价值判断。而这种价值判断，正如罗宾斯和米尔达尔后来指出的，是由公众在日常生活中作出的，或是由政治家作出的（米尔达尔称价值判断的标准为"政治价值"），而不是经济科学所能作出的。由希克斯、卡尔多等人在瓦尔拉斯和帕累托提出的一些概念的基础上发展起来的"新福利经济学"，便致力于避免价值判断的福利判断，主要的理论工具便是"帕累托最优"（这个概念是由李特尔在1950年才正式命名的），并认为这是经济学唯一所能作的判断。显然，帕累托标准纯粹只是一个效率标准：若经济中其他人的状况都未变坏，一个人的收入提高，显然意味着整个经济效率的提高，丝毫不涉及收入平等与否的问题，也无须一些人去对另一些人的福利进行判断和比较。至于是把这提高了的收入分配给哪一个人还是把它拿来在经济中平均分配，则显然完全是另一个问题。后来，萨缪尔森用另一种方法进一步表明了这一点。他提出：经济学能做的只是确定一个经济所能产生的"效用可能性边界"，但经济究竟在这"边界"的哪一点上为佳，则有赖于社会作出的价值判断（见萨缪尔森《国民收入的评价》，1950）。阿罗的"不可能性定理"，同样也说明了这个问题。他指出，任何社会福利函数（无论是建立在效用概念上的，还是建立在偏好的概念上的）都不可能不包含一定的社会价值判断，因此经济学家在构造这种函数时，必须以社会当前普遍接受，或者说，社会为经济学家所设定的价值判断为前提。他提出了包括经济自由、经济民主在内的四条价值判断进行分析，得出的结论是任何福利函数都不可能使这四条价值判断同时获得满足，若社会不允许在决策过程中存在"强制"或"独裁"的话，就根本不可能制定出旨在提高社会福利的经济政策。

以上的分析，并不是宣布经济学家在伦理价值判断方面"无能"，也不是要为他们推卸什么责任。相反，经济学家由于是经济学家，由于他们对社会经济活动和经济利益的专门知识，他们应比其他人更有能力、更有权利也更有责任对经济制度和社会制度作出价值判断。我们要明确的是经济学这一学科本身能做什么，不能做什么；该做什么，不该作什么——一方面，经济学家作为经济学家所能做的仅在于从经济效率这个经济学自身的判断标准出发，对一种制度或一项政策进行判断和选择；但任何一种具体的制度或政策都不仅仅只包含着经济效率的考虑，还包含着社会伦理或政治的考虑。经济学家自然也可以像社会其他人一样对后面这一问题发言，提出自己拥有的一票，但这并不是他专业范围之内的事情。另一方面也要明确的是，经济学作为经济学，其专业职责根本地在于对社会制度或政策进行经济效率的评价，或若对那些旨在实现某种伦理原则或政治原则的制度、政策，作出我们经济学的效率再判断。如果一种理论只是在进行伦理判断，只是单纯地谈论平等、正义等，用这些标准来论证一种制度或政策的合理性，那么它就不是经济学。

明确以上问题，似乎对我们中国经济学家特别具有现实意义。

我们中国的知识分子，传统地是习惯并喜欢作"道德文章"的，伦理判断自古以来就是头等大事；传统的社会主义经济学，也总是以是否平等、是否存在剥削等为首要的判断标准，甚至往往认为只要有消灭剥削，实现收入均等，便能证明某种经济制度的优越性；对许多经济现象，也总是以是否"公平"为第一出发点加以考察，以"道义的愤怒"代替效率的冷静。这导致了我们经济学的效率分析还处在十分浅薄的水平，甚至有关经济效率的许多基本概念、基本范畴和基本方法，还没有写进经济学的教科书。在一定的意义上可以说，并不是由于我们过去过多地强调了平等，所以现在才应该相对更多地强调效率，而是要从根本上改变对问题进行判断和思考的角度，把一切经济分析最终置于效率标准之上，要以效率的观点，重新建造我们的经济学。我们丝毫不否认伦理研究、价值判断的重要意义，我们只是要首先尽力做好自己的"本职工作"。理论家们若不清楚自己专业的职责范围，并力求首先将其做好，那么结果是哪个学科也得不到充分的发展。

第七讲

通货膨胀·权威主义与"谈判文化"

公有制经济的中国，正为两位数的通货膨胀而苦恼异常。

通货膨胀可谓一个“古老”的现象。自有货币经济始（严格地说，是自有纸币经济始），便有了通货膨胀。不过时起时落，并不天天发生。比如二战后，西方发达国家经济高增长时期，物价水平就较稳定，到了20世纪60年代后期和70年代，通货膨胀才日渐严重。有了通货膨胀，就要求经济学家出来解释，于是出现了各种关于通货膨胀的理论。这些理论说复杂可以把人抛入云里雾里，说简单却也不难。一言以蔽之，那就是对以下这个问题给出各自的回答：通货膨胀究竟“怪谁”？早年凯恩斯主义理论的回答是“怪投资者”——是投资者那种变化莫测的“动物精神”，导致对投资预期收益的过高估计，从而导致投资需求过旺，引起总需求过大，超过现有生产能力充分利用时所能提供的总供给，于是发生通货膨胀。因此，在他们眼中，医治通货膨胀的办法就在于采取紧缩的财政政策，提高税收以抑制需求，或减少政府支出以抵消过大的投资。货币主义以及后来的理性预期学派的回答则是“怪银行”（也可说是怪政府或货币当局）——既然通货膨胀是一种“货币现象”，那么原因自然可归结为中央银行多发了货币。货币多了，人们手中持有的购买力大，有支付能力的需求过大，自然导致通货膨胀。因此，他们认为只要把货币增加率保持在经济自然增长率的水平，就可医治通货膨胀；而理性预期学派则声称只要政府宣布低货币发行率政策，改变人们对通货膨胀率的预期，通货膨胀率便可自然下降。某些后凯恩斯主义者的回答则是"怪工会"——由于工会力求提高工资，导致成本提高，资本家为了保持一定的利润率，便提高价格，于是发生由工资成本提高所推动的物价水平的上涨。当然，同样的理论分析，也可导致不同的结论，即"怪企业主"——若工资提高后企业主能够接受较低的利润率，不把工资成本的提高转嫁于消费者，便不会发生通货膨胀。不过这两种观点的一个共同之处在于都把问题归结为收入分配中的利益斗争，因此共同的政策主张便都是调节收入分配。此外，在解释20世纪70年代初西方国家高额通货膨胀时，许多人的回答是"怪石油生产国"（更一般地，可称为"怪外界冲击"）——是石油生产国提高了原油价格，导致原材料成本提高，才有了通货膨胀，这是另一种"成本推动型"通货膨胀。

以上种种理论，可以说把经济中一切可以"怪罪"的人都分别怪罪了一遍。于是，很自然地，20世纪70年代末以来，出现了一种更新的理论，叫作"怪大家"——是由于经济中的所有经济行为主体，资本家、劳动者、政府、银行、地方社团，以及其他种种国内、国际的特殊利益集团，都想在有限的国民收入中争得更大的份额，才造成了难以抑制的通货膨胀。这是一种试图用社会经济制度结构和利益矛盾关系来解释通货膨胀的理论。用较早表达这种观点的一本论文集的书名来命名，这种理论可以称为"通货膨胀的政治经济学"（F·赫希和J·高德索普，1978）。20世纪80年代以来，越来越多的经济学家开始持有或接受了这种理论，并分别根据西方发达国家（见高德索普的《当代资本主义的秩序与冲突》，1984）、拉美国家（见福克斯利与怀特希德的《拉丁美洲的经济稳定》，1980；索普等人的《拉丁美洲的通货膨胀与稳定》，1979）和北欧小国（见卡岑斯泰因的《国际市场上的小国》，1985）的通货膨胀历史情况，对这种理论模式进行了论证。

各种经济利益集团或行为主体之间的利益冲突导致通货膨胀，其基本的逻辑关系如下：每个利益集团采取一定的对策（Strategies），争夺有限的国民总产出，以获取较大的收入。这些集团在一定程度上势均力敌，不存在压倒其他的优势，并且谁都有其充足的理由获得他想获得的一份，在其他人收入提高时，他亦有充足理由提高收入，以达到"公平"分配；于是社会便只能通过这样或那样的方式"认可"各方提出的"过分"收入要求；而实际总收入又是有限的，结果到头来增加了的只是收入的名义值，即货币数量，使用来衡量和购买同一实际总产出的货币量增大；而收入分配比例不一定有所变化，用货币单位表示的物价水平却必然提高。在这当中，货币不是谁有意发放出来的，而是被各方势力"逼出来的"，金融系统不发也不行；通货膨胀不是谁有意搞的，而是在你争我夺过程中由各方势力一起抬起来的。它事实上是个谁也不想要的结果，但却又是大家在追求各自想要的东西的过程中产生的必然结果。通货膨胀难治也就难治在这里：它是一个货币现象，但背后的实质却是一个利益问题和"社会博弈"问题，治了通货膨胀，必然就要触犯某些人的利益；而若在整个利益结构当中有哪一方的势力能够压倒其他从而治住通货膨胀，通货膨胀也就不会发生了。

通货膨胀难治，但各国却都在尝试着各种办法去治。人们总结道，迄今为止各国治理通货膨胀的办法大致可分为三类：第一类可称为"利益结构调整法"，即在不变的经济机制和政治制度下，通过利益关系的变革来治理通货膨胀。西方发达国家如美国、英国、法国、意大利等国近些年来都采取了这种方法，其中以英、美最为典型，基本做法就是政府通过改变税收、就业政策等，强化某一利益集团的利益和势力，打破原有的利益均势。里根政府和撒切尔政府的保守主义政策，加强了企业主集团的地位，而使工人及其他中下层阶级在面临失业危险情况下的争价地位削弱。失业率提高了，贫富差距拉大了，通货膨胀率却果然降低了，奥妙正在其中。这也验证了较早出现的一些新马克思主义经济周期模型：在现代资本主义经济周期历史上，凡是资本家阶级相对优势较大，工人的斗争难以奏效的时期，也就是通货膨胀率较低的时期。

第二类可称为"权威主义"或集权主义方法，近年来拉美一些国家（以及以色列，我以为），基本循此道而行事。既然经济中各种利益集团势均力敌，缺乏权威，政府便出面来充当权威，采取一套压制性的收入分配政策，如冻结工资等，强制性地实行紧缩。这种方法，自然及时奏效（例如以色列曾一度被视为医治通货膨胀的楷模）。但问题是，原有的利益结构和经济机制未变，皮球一时被压下了水，稍一松手，便会立即弹浮起来，加上压制性措施造成的社会危机，一定时期后也不得不松手，结果是早先一时取得的成就"通通丧失"。

第三类被称为"新合作主义"，这主要是北欧各小国采取的方法。典型的情况是在社会民主的基础上建立某种稳定的社会调节体制，如由政府、工会、企业家组成"三位一体"的协调机构，通过谈判来协调各方面利益，解决矛盾冲突。因而这也被称为一种"谈判文化"（negociation culture）或"社会伙伴关系意识"。这里之所以被称作"文化"，是由于作为谈判基础的，是各行为主体和"精英阶层"共同具有或达成的一种超越于特殊利害之上"共同富裕的意识"，借此就如何解决通货膨胀及其背后的收入冲突达成某种统一的意见，来约束大家的行为。这种"共同富裕的意识"的形成，显然是有实践基础的：人们在通货膨胀中会逐步发现，你争我夺、互不相让的结果，不过是大家谁也不想得到的通货膨胀（不仅是"零和博弈"，而且是"负和博弈"），那么显然不如事先大家沟通，一起摆出"免战牌"的好（在博弈论中，这称为"纳什—古诺均衡"）。实行这种办法的国家，近些年来不仅通货膨胀率低，罢工也少，社会稳定，如有政策转变，过程也较平稳。当然，这种机制也有其问题：谈判往往是艰苦、复杂、费时耗力的，因而在决策形成及贯彻上会发生时滞。这也算是一种特殊的"交易成本"吧。

以上三者当中，理论家们最为推崇、并作为其"政策结论"推荐给大家的，是"谈判文化"。它保持了民主——不是靠"拉一派打一派"，也不是靠强行专制，而是力求使多元主体的多元利益都得到肯定、兼顾和体现；又形成了权威——不是多元利益主体中某一方的权威，也不是强加于人的权威；凌驾于众人之上的只是社会各方的"统一利益"或不同利益中统一的那一方面、那一部分；而这种权威的行使，依靠的则是社会内部的一种协调和平衡的机制。事实上，这种"权威"本身产生于对多元利益的肯定，产生于民主本身，是民主的权威。

这一派理论家未作深入分析、但对我们来说可能很有意义的一个问题是这种"谈判文化"形成的条件。我想，"北欧小国"形成了谈判文化，与它们以下几方面的特征是不无关系的：(1) 市场经济。

这种经济的特点是，尽管各市场行为主体之间存在利益矛盾，但每个行为主体本身是具有某种"自我约束"动机的，比如说，"预算约束"是"硬"的：自己造成的损失不能让别人去分摊，因此任何时候都不能"无所顾忌"地去争去夺。(2) 民主政体。这些国家都是社会民主党执政，民主传统深厚，机制健全。(3)"谈判成本"低。小国者寡民、寡民者易沟通。这是大国望尘莫及的。

这一套理论，不可不谓具有启发思考的意义，为理解通货膨胀包括我们公有制的中国经济当前面临的通货膨胀，提供了一个有益的角度。

在传统的集中计划经济中，我们没有（原则上没有）通货膨胀，这倒并不在于"权威的"计划当局控制着物价，根本地倒在于它控制着收入分配；不在于像传统社会主义理论所说的那样全社会"利益一致"，不存在利益矛盾，而在于在集中计划的经济社会体制下，除政府之外的利益主体，缺乏为自己利益而奋争或迫使当局多发货币的权力，"中央"的权力盖过一切。经济体制改革了，发生了"轮番上涨"的通货膨胀，根本地不在于"放开了物价"，而是在于"下放了"权力。多元的利益主体（现在当然更加多元）被赋予了多元的主权，于是利益矛盾、收入冲突便不可避免地表面化、货币化了。劳动者争取更多的消费收入；企业争取更多的利润分成和更多的投资贷款，各地方争取更多的资源；中央计划者又要求更多的财政收入以保证积累的进行和经济的增长；各行政机关要求更多的拨款或贷款，各部门都要求政策向自己"倾斜"，掌握着各种批发权、销售权的官员又要在行使公共权力的过程中实现一份私利，于是便是各式各样的"上有政策、下有对策"，各式各样的"攀比"，各式各样的"大战"。既然是公有制,"我(或我们)不能吃亏"的道理便特别的理直气壮,又能得罪谁呢?各种利益从各个方面向一块既定大小的馅饼上挤,挤出的不是油,而只是空气,即那些不断贬着值的货币。可见,通货膨胀在我们这里也仅是一种货币现象,它的实质却是一种利益矛盾。八方称雄,军阀混战,呼唤着"权威"。于是中央必须出面控制局面、实行紧缩,把放了的权力收回(或冻结)一些,把一些"计划外"的东西再度纳入计划;"新权威主义"或"硬政府"主张便应运而生。可为可不为者,不得已而为之也。但控制局面的愿望虽好,有些实际已经控制不住了。比如货币发行量,在紧缩之中的1989年1月,已大大超过前一年同期,并已超过了计划中全年货币发行量的1/4。(那个道理:货币不是发出的,是"逼"出的。)而在被控制的局面背后,人们却在等待观望。许多被"砍掉"的项目只是在"歇工";许多未上项目的计划仍在暗中编制;奖金被变成债券,等待来日兑现;生活水平下降的呼声正逐渐增强;各种款项的申报书仍压在案头。一切都在等着那只按住皮球的手一旦松动。不少人预言:"那已为时不远了。"

看来的确要从"政治经济学"的角度去研究治理通货膨胀的对策:不是调整某项政策,也不是仅盯着货币发行,而是要从根本上改变我们经济中的利益结构和利益协调机制。在微观层次上不存在利润收入与工资收入的抗衡与制约,消费就必然要膨胀;企业的预算约束得不到硬化,投资饥渴就必然不可遏止;而消费和投资需求都无约束,财政赤字和信贷赤字就必然递增。紧急情况下采取一些计划强制措施是必要的,但从长远看,这显然解决不了根本的问题。我们的确需要"权威"。但是是什么样的"权威"?还是过去那种压制经济活力、否定多元利益的"绝对权威"？经济发展到今天，改革的道路走到今天，这不仅不是出路，也已不可能了。或者，树立一种能够（被假定能够）在今天控制局势、凌驾于芸芸众生之上解决矛盾，在明天主动创造出一个民主制度和"健康"的多元经济利益结构的"新权威"？这当然是一种美好的设计。但是，已有的理论和实践告诉我们，任何权威的权威性及其功能效果，都取决于它赖以存在的利益结构和经济制度本身。一种得以维系较长时期因而也能维持社会稳定的权威，只能要么依靠社会中的一种势力来制约另一些势力，要么建立在各种势力民主"谈判"的基础之上，建立在各种基本势力的自我约束和相互制约基础之上。脱离任何社会基本势力的权威是不存在的；即使存在，它本身也迟早会变成社会不稳定的根源之一，因为它本身就会成为一种不受约束的社会势力。权威只能是制度的产物，并本身构成制度的因素；期望在一种制度基础上的权威创造出另一种制度，我们便只能长期期望、不断期望。民主本身不是由压倒其他社会势力的权威创造出来的，而是在各种势力的抗衡中形成的。我们已有的民主如此而来，我们将有的民主也将如此而来。

第八讲

股份制度考

　　股份制、股份经济、股票市场等，可谓是近年来中国经济改革研究中出现频率相当高的一组词汇了，股份制也已经开始在许多地方试行。不过，我们似乎还需对它们做一番讨论，不仅是对其起源和发展演变过程等做些历史回顾，也要对其所有制形式的特点、经营管理方式、有效运行条件等较重要的问题，做些深入的思考。标题中的"考"字，并不是指"考证"，而是考察，但也不妨读出些"考证"的意味——这个词似乎比思考、考察、论证等更具有不厌其烦、追根刨底以至吹毛求疵的意味，更容不得"只知其一，不知其二"的态度。既然现在多数人都认为股份制对于经济改革进程事关重大，我们似乎就更该有点"考证"的精神。

所有权无关紧要了吗？

　　私有制的最简单的形式之 是私人企业制度，即投在一个企业（或作坊之类）的资本全部为某一个人（或家庭）所有。当业主本身同时作为生产单位的唯一劳动者或主要劳动者时，这种"企业"就可称为"个体户"（严格地说还不是企业）；当他本人既是资本所有者和雇主，又是经营者时，企业就是典型的私人企业。

　　随着社会大生产的发展，为了获取规模经济效益，形成了合股制。即几个资本所有者把各自的资本投入同一个企业，共同经营（或委托经营），然后根据各自资本量（股份）的大小分配资本利润。现代公司制度的基本形式就是合股制。

合股制不再是一个人的私事，但本质上说还是"几个哥们儿之间的私事"——这种制度下的股份是"不上市"的、"不公开的"，"股份"还不是"股票"。一旦一个企业公开在市场上出售其股票，股票持有者可以以此为凭据来索取公司红利，便形成了现代的市场股份制。

市场股份制最醒目的特点之一是所谓的"所有权与经营权相分离"。在这种制度下，所有者即股票持有人一般不再是企业的经营者，而只做股东。股东大会任命（一般是批准董事会的提名）具有专业知识和管理经验的企业经理，企业管理方面的事务一般就由经理负责，甚至连企业的经营发展战略、投资计划、资产借贷和转让之类的事务，大多数股东们也不再过问甚至无权过问，一年才开一两次的股东大会在许多问题上也并没有什么决策权。在这种情况下，股票似乎就成为单纯的利润收入索取权，而与企业经营不再相关，生产经营成了经理人员的专业，由他们决定一切（当然，这并不否定在许多场合出现的"持股者集团与企业管理者之间的重叠"①）。于是，"所有权还是重要的吗？"之类的问题便产生了。许多东方的和西方的经济学家根据股份制的这种现象，提出了所有权无关紧要的观点，认为经济效率高低、经济发展好坏，关键在于"经营管理"，而不在于所有制形式，无论所有制关系如何，只要改革了经营管理

---

① 参见《经济体制分析和比较》，中译本，第64页，[美] 霍尔索夫斯基著，俞品根等译，经济科学出版社1988年版。

80

体制（包括微观管理和宏观管理），就可以解决经济效率低下的问题（有的人甚至走得更远，认为所有制形式和管理体制都是不重要的，只要选对了企业经理，或提高了经理人员的"素质"，就能解决一切问题）。

这种观点其实是没有什么根据的。首先，就所有者与经营者的关系而论，股份制并没有什么特殊。委托经营或代理制在任何财产关系下都可以存在。独资的私有企业也可以发展演变为代理制，企业所有者仅做"东家"，把一切生意上的事都交给"掌柜的"（在第二三代资本家继承了创业者的企业后，这种情况很容易发生）。因此，代理制或"两权分离"，并不是股份制的特点，我们也并不一定非得通过股份制实现"两权分离"。如果所有权是无关紧要的，那么它可能历来是无关紧要的，并不是到了股份制才被证明是无关紧要的。反过来说，两权分离的必要性，或者经营管理好与坏的重要性，并不一定就意味着所有权的不重要。从股份制的各种现象中，并不能引申出所有权已变得无关紧要的结论。

相反，市场股份制下资本所有者在维持和促进资本使用效率方面的作用，不仅没有被削弱，甚至还进一步被强化、普遍化、社会化了。在这种制度下，所有权的作用，不仅通过股东大会行使，更重要的是通过市场买卖股票的过程行使，体现在股票市场上的每一笔交易当中，并且变成了一种社会力量、一种社会压力：股票市场上的每一个现实的和潜在的持股人，时时刻刻关注着每个公司企业的经营效果，通过自己的抛售或买进行为，来对每个企业的资产价值和效率水平进行评估，并通过提高和压低股票价格来对每个企业的经济管理进行鞭策，将一切有关的市场信息，表达在股市行情上，引导着资本在不同用途上的有效配置。在市场股份制下，随着更多的人与资本收益有了直接的利害关系，关心资本效率的人不是少了，而是多了。一个小股东可能在股东大会上根本没有发言权，但他可以在股票市场上通过买进卖出行为来表示自己对资本效率的关切，对资源配置的看法，以及对某一经理称职与否的意见。

市场股份制并不是十全十美的经济体制，它有它自身特殊的缺陷（我们后面将有所涉及）。但它总能使人觉察到：要想使资本的利用效率不断提高，就需要有更多的人从自己的切身利益出发来关心资本的使用和配置，而这就需要有一种体制上的保障，在个人收入与资本收益之间建立起直接的、明确的、持久的、受到法律和社会保障的联系。如果经济体制改来改去，人们的一切收入还是仅仅表现为劳动收入或经营收入，收入的增长与资本效率的提高，对于个人来说没有直接的、能够在数量上加以界定的联系，就还是不会形成对资本效率的普遍关心，也就不能在体制上形成对资本有效利用的社会压力，资本效率就仍然不能提高。

财产责任与经营责任的差别

市场股份制得以发展起来，成为现代经济中的一个重要组织形式，是与"有限公司"这一组织形式的发明分不开的。所谓"有限公司"中的"有限"一词，指的是"有限责任"，即公司股东或股票持有者的责任是有限的。这里的"责任"是什么呢？说到底就是偿付债务的责任。怎么"有限"呢？就是除了我买进股票时付给你一定价格这一责任外，我不再承担偿付公司其他债务的责任，当公司负债时，持股人不必倾其家产，甩自己的"最后一个先令和最后一英亩土地"来为公司还债（公司本身必须倾其所有还债，还不上就只能宣告破产，接受清理）。只有在这种制度安排形成之后，广大社会公众才得以较为放心地去购买股票把自己的财产交给陌生人去经营（即使受到欺骗，这时也是有限度的），股票市场交易也得以大规模地发展起来。有人认为，股份公司是现代工业社会最重要的"发明"之一，而在这一"发明"中，"最重要的因素是有限责任的主张"。[①]

我在这里不打算仔细考察这一"发明"形成的历史过程以及与此相关的法律体系的演变过程，只想讨论一下"有限责任"这一度安排的最具实质性的经济内涵。

"股份有限公司"这一概念中最值得注意的一点是：它将所有者的责任，直接而明确地写在了经济组织的名称当中，昭于世人。这样，这一啰里啰唆的称谓就直截了当地向人们表明，所有权不仅是一种权利，也是一种责任，不仅意味着可能获得的收入，更意味着可能遭受的损失；不仅是一种获益的凭证，也意味着承担了一定的风险。"有限"还是"无限"，当然关系到所有者承担的风险的程度，但前提是必须承担责任。

事实上，不只是股份所有权，对于任何一种所有权来说，都同时意味着权利与责任。所有权的本质，从正面说是收入索取权，从反面说就是风险责任。从资本所有权与资本利用效率的关系而言，

---

① 见《经济体制分析和比较》，第399页。

风险责任在维持和提高资本效率中所起的作用，比收入索取权更加重要。一个人从资本中获得的收入，当然越多越好，增长速度当然越快越好，但收入不那么多、增长速度不那么快，相对说来还不那么重要，因为毕竟这时既有的生活水平还能维持，还不至于下降。可是如果投资投错了地方，或使用、管理不善，发生了亏损以至蚀了本，资本本身都赔了出去，收入就会下降甚至整个收入源泉都将不复存在，这种痛苦相对来说是更加难以忍受的（所以会有那么多破产者去自杀）。在这一问题上，"利害攸关"，更重要的不是"利"的相关，而是"害"的相关。1990年诺贝尔经济学奖授予了三位在资本市场理论方面作出杰出贡献的经济学家，第一位马科维奇的获奖理论是"资产组合理论"。这一理论的核心命题就是一个资本所有者持有哪一种金融资产、购买哪一种股票，一方面取决于资本收益的高低，另一方面财取决于其风险的大小。一种股票，预期收益再高，但若受损失的风险也很高，多数人还是不愿购买（只有那些喜欢冒险的人去买）；而像货币或政府债券这样的金融资产，收入虽低（持有货币可能完全没有收入），但却由于有国家信誉作保，风险较小因此有许多人乐于持有。总之，资本是收益与损失的统一，而所有权是利益与责任的统一。股份制、股份有限（责任）公司等，不仅是一种利益分配机制，也是一种风险责任机制，在这种制度安排中，不仅写明了谁将如何获益，也写明了谁将如何承担损失。

谈到"责任"，自然会联想到在我们中国经济中目前实行的企业承包"责任制"。为什么在这种体制下，经营管理和劳动管理有所改善，资本利用效率却仍未得到根本的改善，出现了"行为短期化""工资侵蚀利润"、技术改造进程放慢等一系列现象？为什么实行承包责任制的企业到头来还是"负赢不负亏",仍是所谓的"预算软约束"?原因当然可以列举很多,但从经济上说,最根本的一条就在于这种体制只是一种经营责任制,而不是一种财产责任制或"资本责任制",所有权关系仍是国家所有制。有人曾提出过在国家所有制下搞"资产经营责任制",但这说到底还是经营责任制,真正出现了资本损失,作为资本所有者蒙受资本损失的,还是国家,而不是作为非所有者的企业或个人,企业和个人还是只承受经营者或资产使用者的那一份损失(厂长"调离"、工人失业等,如果国家不给亏损补贴来维持亏损企业的生存的话)。当然,国家受损,说到底是要平摊到社会全体成员头上去的,但无论如何不是仅由哪个企业或企业当中的任何个人来承担全部资本损失。许多人曾花了很大的精力来讨论承包制改革是否正确,承包制下出现的那些问题是否证明经营责任制搞错了。其实这一问题本身就是"不搭界"的。经营责任制在任何所有制关系下都应该搞、必须搞。经营者责任不明、劳动者责任不确定,必然是经营无效率、劳动无效率。我们面临的问题,在于实行了经营责任制的同时,仍然没有建立起有效的"资本责任制",没有使财产责任关系得到进一步的改善,财产责任仍是不明确、不确定的;在整个公有制经济中,仍然只有国家这个高高在上的社会机构处在所有者的地位上关心资本的效率和资本的增殖,而其他行为主体(企业和个人)都处在非所有者的地位上"利用"资本,最多只在与自身收益相关的范围内关心资本的效率(比如,关心如何在承包期内尽量充分利用现有资本生产能力以为自己带来更多的个人收入)。过去,改革之前,我们既无"资本责任制",也无经营责任制和劳动责任制;改革之后,实行了经营责任制和劳动责任制之后，所出现的各种问题，恰恰集中暴露出我们还需要建立起真正有利于提高资本效率的"资本责任制"，使经济中有更多的人切实地从自身的利害关系出发，行使所有权，有效地监督资本的利用和配置。

同样的逻辑也适用于已经进行了"股份制改革"的场合。如果我们只是形式上开始实行股份制，允许个人购买和持有股票，但若这种股份公司的命运以及股票收益（股息率）仍然是由企业背后的国家（作为国营企业最大股东的国家）作保，企业面临亏损时仍能得到国家的特殊保护，那么这样的股票充其量不过是相当于国家债券，因为它是无风险的，承担风险的仍然只是国家，持股人仍然没有"自负盈亏"地承担起资本的责任。这样的"股份制"势必形同虚设（除了有"集资"功能），资本利用效率也不会有多大的提高。

参股制、法人与最终所有权

股份经济发展起来之后，逐步形成了参股制，即股份公司之间相互购股、相互持股；大公司通过购买小公司的股票达到控制小公司的目的，扩大自己的实力范围；各公司之间你中有我、我中有你，所有权关系更呈现出错综复杂的局面。

参股制下所有权关系复杂性的一个重要方面，便是个人所有权的"隐退"。这时，一个股份公司的股东，可能全部是其他公司、银行等金融机构以及国家，而没有一个个人股东。于是，这一股份公司在形式上就变成了纯粹的"法人所有制",而不再是个人所有制、集体所有制、国有制等。"法人所有制"这时似乎就成了与个人所有制等相并列的一种所有制形式。这一所有制形式的确启发人的想象。许多人现在把国家控股、国家银行对企业持股和企业间互相持股,视为国营企业改革的一个基本方向,有人还明确提出过国营企业改革的目标就是"法人所有制"或"法人股份制"。

我们当然可以搞国家控股、企业相互参股式的股份制,也可以冠以法人股份制的名称,但关键是要明确它们的经济涵义及其有效性,搞清楚在形式发生了这样的变化之后实质上的经济关系是否发生了变化。

首先需要明确的是,在任何所有制条件下,都可以存在"法人",或者说,"法人"可以代表、表示任何性质的所有者或所有权关系——法人只是某种经济组织的法律存在形式,而本身却不是一种所有权关系。法人的所有权性质,是由并仅仅是由最终所有者的所有权地位决定的。同一个法人的背后,可以是一个人,也可以是一群股票持有人,也可以是一个集体,还可以是国家。例如,一个国营企业(可以称公司)可以是一个法人,这个法人背后的最终所有者是国家;而一个私人股份公司也是一个法人,在形式上可以同国营企业一样,但它的背后,则是许多个别的最终所有者,即那些私人股东。

现在我们来看参股制。参股公司这个法人的所有制性质,说到底取决于在它背后的各控股公司的最终所有者的所有权地位。一个控股公司,用它所拥有的资金去购买另一个公司的股票,是一种投资行为,就像它的其他投资行为一样,只不过这时它不是进行了生产性投资，用资金来购买厂房或机器，通过自己的生产行为谋利，而是进行了金融资产投资，通过控股或股市交易行为来谋利。那么，这笔用来购买其他公司股票的资金来自何处呢？说到底，是来自大小股东们购买该公司股票时投入的资本。所谓"最终所有者"，指的就是这些最初购买股票的"最终股东"。在私有制的股份经济中，最终所有者就是千千万万的私人股东。股份公司之间相互参股一百万次，那些股份公司的所有制性质，仍是私有制；而若在一个公有制经济中，假定个人不允许买股票，让各国营企业之间相互参股或者由国家资产管理局来控股，那么同样，企业间相互参股一百万次，扣上一百万次"法人"的头衔，那些股份公司的最终所有制性质，仍是国有制。

当然，现在许多人心目中的"目标模式"，既不是纯粹的私人所有的股份制，也不是纯粹的国营的股份制，而是包括私人和国家各类股东的股份制。我们当然也应该使这样的公司取得一定的法人地位。但是，在理论上和实践中，我们都需要明确，这种法人的最终所有制性质，不过是一种公私混合所有制。

而一谈到"混合"，便出现了比例问题，出现了"谁为主"的问题，就像私有制股份公司有大小股东之分一样。不过，与私人大小股东的差别不同的是，在纯粹的私人经济中，大小股东之间的控股比例差距再悬殊，他们仍然都无例外的是私人，按照同一个私人经济的运行规律办事，而在"混合所有制"的股份经济中，国家股与私人股的不同比例，却能决定一个股份公司究竟按照哪一种所有制的经济规律行事，也最终决定着资本利用的效率水平。一个符合逻辑的假说是：以私人持股为主（比如说51%的股份）的公司，将主要或更多地按照私有制企业的行为方式运行，而以国家持股为主的公司（无论"为主者"是国家资产管理局，还是国家银行，还是国营企业）将主要或更多地按照国有制企业的行为方式运行。我们可以就一些具体问题进行讨论：一个以国家股为主的"法人股份制"公司，经理是否是"国家干部"，由谁任命，按什么方式任命？该公司是否还有"挂靠单位"或"上级主管单位"？遇到问题或困难或滞销或竞争或欠账或亏损的时候，该公司是否还能通过与"上级主管单位"讨价还价来解决？欠了账是否最终得由"挂靠单位"负责偿还（或者由它来迫使银行同意将那笔账"挂起来"，一挂几十年以至永远？）只有在理论上和实践中能够证明这种国家股为主的法人股份制公司的确将不再按上述方式行事，而是换了一种行为方式，那么我们才能认可：这种公司的形成的确标志着经济体制的重大改革，法人股份制的确不同于国有制，法人股份制的所有制性质的确不是由最终所有者的性质决定的。

　　经济体制改革说到底就是要解决经济效率包括资本效率的问题。要解决经济效率问题只靠改变一下形式或名称并不能改变经济利益主体的行为方式（马克思经济学的一个基本命题是经济制度特别是所有制关系决定着人们的经济行为方式）。在讨论或论证以上这种涉及经济行为方式的问题的时候，我们不是在讨论一个企业或一个"法人"按照我们的愿望应该如何行事的问题，而是在讨论在一定的经济关系、经济体制条件下，企业或法人事实上会怎样、可能怎样行事的问题。我们也不应仅仅援引个别"模范"企业的表现为例，只往好处想不往坏处想，因为按照"劣币驱逐良币"定律，现实中人们往往不向那些一心为公或老老实实做诚实生意的模范企业学习，而是会仿效那些能钻空子、找窍门、投机取巧，费力不多就能得利的人学，只要体制本身使这样的人能够得手而不会受到实际的惩罚——只要劣币能与良币等值。

最后顺便指出，有人提出"法人所有制"的意图，其实是要实行所谓的"企业所有制"（在此基础再加上些私人持股或企业间参股）。企业所有制改革设想所针对的当然是国有制的一切弊病，目的是要使企业真正做到自负盈亏，既有利益又有责任。但"想要"它如何并不等于它就能够如何。不谈这种所有制迄今为止在世界历史上从未真正地、具有法律身份地存在过，也不谈与之相似的南斯拉夫式的"社会所有制企业"（按照笔者的理解，"社会所有制"就是既非国家或全民所有，也非个人所有，也非集体所有），被实践证明是不成功的，特别是在动态效率和宏观经济效率方面是不成功的，我们在此只想提出这样一种可能的情况供读者思考：在一个私有制经济中，一个私人所有者是无法赖账的，除非自杀，即从肉体上将自己消灭掉，而这是件痛苦到极端的事，轻易不会发生（一旦发生，怜悯心也会使人们认为债已"还清了"）。在一个国有制经济中，国家这个所有者也是不能赖账的，至少是不能公开赖账的，它可以依仗权力要求银行无限期"挂账"（"财政部欠款"或"国营企业欠账"），还可以利用发行货币的特权，用通货膨胀的方式隐蔽地把欠债转嫁他人，但它作为负债人是跑不开、躲不掉的，特别是不会以自杀的方式一走了之。但"企业所有制"就不同了：一个作为所有者的企业可以（相对来说）十分轻松、惬意地用"自杀"也就是从工商管理局的注册簿上将自己的"法人"名字一劳永逸地抹去的办法，将自己的责任也就是那些债务永远地推掉或赖掉，在此过程中

90

没有任何一个人或一个"实体"作为所有者受到损失（当然，债权人除外）。

法律的作用与国家的职能

　　市场股份制像一切经济体制一样，有其长处，也有其短处（正因如此，要综合地考虑长处和短处，将各种体制之间进行优劣比较，便是件十分困难、可以无休止争论下去的事）。一个最为醒目的短处，便是它为市场投机和"幕后交易"等欺骗行为提供了新的条件。与其他所有制条件下的欺骗行为不同，在股票市场上发生的欺骗，不再是一个人欺骗另一个人，而是一个人欺骗公众，即广大的持股人。这种欺骗的形式可以是多样的，既可以是蒙骗公众，吸引他们投资入股然后拐走资金，也可以是少数人幕后勾结，操纵股市，从中攫取暴利。股票市场还为行贿受贿、为政府官员的腐败行为提供了新的条件。比如在日本的洛克希德事件中，所涉及的政府官员许多并未直接从私人公司手中接受什么，而只是"按原价购买"了即将上市的股票，贿赂最终是在市场上按照股市价格变动的客观规律而实现的。

　　在这种情况下，法律的作用便显得特别地重要。公众必须借助法律的力量来约束某些人的行为，将欺骗和腐败定为犯罪，然后对其进行惩处。[①]这就是为什么股份制首先表现为"公司法""反幕后

---

　　① 欺骗（Cheating）和腐败（Corruption）都是谋取非法收入，所不同的仅在于前者是以私权（非法地）谋私利，而后者是以公权谋私利。

交易法"等一系列法律规范的原因。

有趣的是，法律最初所起的作用，往往不是反对股份经济中的欺骗行为，而是反对股份制本身——当人们看到股份制下发生的丑闻时，往往会采取"连小孩一起泼脏水"的态度，用法律禁止股份制的实行。在 18 世纪的欧洲，以英国的"鲍勃尔法"为代表的一些法律，就是禁止或限制股份制发展的，它将股份公司的发展，至少拖延了 1 个世纪。直到 1826 年，英国报纸上还不时有人贬斥"法人实体"比起个人企业家，是一种"绝对低劣的"经营形式。后来，随着社会化大生产的日益发展，股份制这种能够把小资本迅速集中起来形成大资本的所有制形式和通过资本市场调节资源配置这种经济机制的优点越来越明显，人们才逐步意识到，应该允许股份公司的发展，而用法律来反对投机、欺骗行为，保障公众的利益。①

法律保护公民合法权益，有一个先决条件，就是执法者必须超然于当事人，或者说，当事人本身不能是执法者，更不能处在可以随时根据需要而修改法律规范的"立法者"地位上（立法者或执法者犯法，必须由另一个与案件无关的执法者来审理案件）。在一起经济纠纷中，当事人各有各自的特殊利益，执法者必须与所有这些特殊利益无关，才有可能代表当时体现在法律中的"社会正义"。法律、执法机构或社会强权的代表即国家，在私人之间发生的各种具体的经济矛盾中，实际上充当的是"局外人"的作用，并且是一个

---

① 我们已经开始了股份制试验，但现在实行的某些法规（主要是"规章"）也仍然在限制股份制本身而并不是仅仅反对投机行为，或者说是为了反对投机行为而限制了股份制本身的真正实现和发展。比如，规定每天股票价格波动程度不得超过 1%。这当然能限制"场内投机"，但既然限制了股市价格，股票市场也就不能充分发挥其作用。

"公用的"、一般的局外人的作用。无论法律和国家最初是怎样产生的、具有怎样的形式，在市场股份制经济中，如果开始时没有法律和国家，大家，也就是股东们也必然会创造出法律和国家，其目的就是事先立下一些调节各私人之间利益关系的行为规范，并设置执法机构或国家来充当公共的"一般局外人"，以便在任何经济纠纷发生时，超然于当事人利益之上，依法办事，解决纠纷。

比较之下，在国家所有制条件下，经济生活的一个重要特点就是：在企业不独立于国家政权的同时，国家也不独立于企业。在各种经济纠纷中，弄来弄去总会发现国家处在当事人的地位上或者被"卷入"纠纷中被当作当事人。举例来说，"三角债"自然是企业之间的相互欠债，但"三角债"清理起来之所以这么困难，一个重要的原因就是在国营企业之间的这种经济纠纷中，国家这个最终所有者总是不能"超然物外"，总会被"卷进来"，使得清欠难以进行，更不用说按照"破产法"进行"清理"了。(破产法是有的，但那么多欠债，居然没有人破产!) 纠纷的每一方，既然都是国营企业，便都可以以"国家利益"做理由为自己辩护（谁都不是为了个人），又都可以通过与"上级"的谈判，为自己寻求庇护，在法律或"规章"(这在我们的经济中就是一种"准法律") 上开一个"口子"，也就是总能或多或少地在每一具体案例上根据自己的需要修改法规。国家或执法者具有了当事人的属性，法律也就必然失去其严肃性。执法者不独立（总有"首长条子"来干扰执法程序），说到底是因为国家从经济地位上与当事人之间"不独立"——裁判本身也在踢球。

实行股份制，本身并不能减少、更不能消除经济矛盾或经济纠纷；它不是可以不要法律，相反，要求更严格的法制，要求国家在协调各方面经济利益中起更多的作用。正因如此，我们应对国家作为主要持股人的那种"法人股份制"设想，做些更深入的分析和更慎重的思考。我们不能说国家就一定会利用自己的特殊地位和特殊权力来"欺骗公众"，也不能否定国家作为大股东在一定场合下可能起到稳定市场、稳定经济的作用，但是，如果国家不能在大多数场合从当事人的地位中超脱出来，真正成为一个"一般局外人"和公共仲裁人，传统的国家所有制经济中存在的许多问题，就仍会在"股份制"条件下继续存在。还是那句话，在制定"目标模式"时，我们不能只往好处想、不往坏处想。

1991 年 3 月

人间的"扯皮"与科斯定理

1991 年的诺贝尔经济学奖，授给了美国芝加哥大学法学院年过八旬的罗纳德·科斯教授。国际经济学界对这次授奖的普遍反应是：我们终于对这位改变了现代经济学面貌的思想家表示了应有的尊敬。

科斯一生著述不少，但真正称得上"经典"的，只是两篇论文。一篇是他在大学期间写成，于 1937 年发表的《论企业的性质》；另一篇是 1960 年发表的《论社会成本问题》。前者提出了被后人概括为"交易成本"的概念，并用它分析了企业与市场的差别与联系；后者则强调了"产权"在经济问题中的重要地位。这些概念和理论，不仅已被经济学家们普遍接受，而且在此基础上，发展起了"产权学派"和"交易成本经济学"，并以它们为主要内容，形成了现代的"新制度经济学"。其影响之大，已波及今天的中国，经济学家们从"科斯定理"出发，引申再引申，针对我们中国面临的特殊问题，洋洋洒洒写出了不少的论著。

我不妨也来凑上一篇。

不作"引申"，只是"札记"。

天下之大，有人会积德行善，也总有人"损人利己"。"损人利己"可以说是对一大类人类行为的概括，对其也可从不同的角度进行分类。一种可行的分法，是分成"存心的"损人利己和"附带的"

损人利己。坑蒙拐骗，可谓"存心的"，其特点是只有先损人，才能后利己。而所谓"附带的"，其特点是为了利己，在自觉不自觉中损了人。典型的例子是"污染"。对于这种附带的损人利己，经济学中有一学名，就叫作"（负的或坏的）外部效应"（externality）——即我的行为对我之外的他人的影响（也有正的或好的外部效应，如栽花种树，既满足了自己，又愉悦了他人）。

外部效应引起了一系列的经济学问题。首先是如何看待生产的成本和效益。钢铁厂为生产一吨钢自己付出的代价是铁矿石、煤炭、劳动等，但这只能说是"私人成本"，它还排放了污染，使别人蒙受了损失，这些损失是社会为这一吨钢所付出的代价，因此总的"社会成本"应该等于"私人成本"与外部损失的总和。"私人成本"与"社会成本"的这种差异，引起的相应的经济学问题便是如何评价钢铁生产的价值：如果仅计算私人成本，生产那许多钢铁也许是"合算的"，但如果加上那么多的外部损失，从"社会福利"的角度看，可能就是"不合算"的。于是，下一个问题便是如何使钢铁的产量确定在"社会地看最合算"的水平上——不是因污染而不生产钢铁，而是在生产钢铁为人们带来的好处和控制污染所带来的好处之间求得某种合理的平衡，使污染降低到最低限度，实现资源的最优配置。

经济学早年提出的解决外部效应的基本办法是"征税"——政府出面干预。对于生产者来说，因赋税使得成本高了，它的生产量自然会小些，就是说，不能再不管不顾地扩大生产了（相应地，对于那些能为社会带来"额外好处"的生产活动，如植树造林，则给予补贴）。经济学历史上，减少外部效应曾经是"政府干预"的一个重要理由。但是,征税不是件容易的事。恰当地规定税率和有效地征税,谈谈容易,做起来却很难,也要花费许多成本,到头来往往不能完全解决问题。这使经济学家做进一步的思考。

1960年,科斯提出,"并不需要政府干预",私人之间的市场交易同样可以解决问题,政府所要做的,只是"明确产权"。这就是所谓的"科斯定理"。它的基本形式可表述如下:在存在外部效应的场合,只要(1)在交易过程中不存在交易成本;(2)产权是明确界定的,则不论产权在谁一方,私人之间的自愿交易都可使资源获得同样的有效配置。此定理分为前提和结论两个部分:结论是通过私人交易就可以实现最优配置,而前提有两个(严格地说还有一条:"不存在收入效应",但因不是主要问题,我们不妨略去),一是不存在"交易成本",二是产权明确,结论的成立有赖于这两条前提的确立。

所谓"产权"(property rights),在现代经济学中的涵义是很广的,它可理解为从一项财产(知识、技能、环境等都可算作"财产")上获取利益的权利。如果钢铁厂被赋予"任意处置河水,获取利润"的权利,那么就说在排放污染这一问题上,钢铁厂拥有对河水的"产权";如果沿河居民被赋予了"使用清洁河水,可以拒绝任何污染"的权利,则说居民们拥有对河水的"产权",而钢铁厂则没有这个"产权"。

科斯强调说,外部效应所造成的损失之所以难以克服,首先在于"产权不清"。比如,对河水的产权不明确,谁都可以说对它有产权,又不能排斥别人也对它有"产权",就会出现一方要赔偿,一方拒付赔偿的情况,结果是相互指责,纠缠不清,问题总是无法解决。

而只要产权明确，无论产权在谁一方，"市场交易"便可发挥作用，无须政府干预，"私下里"也能解决问题。这存在可能的两种情况，一种是把产权"判给"河边居民。这时钢铁厂不给居民们赔偿费就别想在此设厂开工；而若付出了赔偿费，成本高了，产量就会减少些，如此反复，直到双方都满意为止。相反的情况是把产权界定到钢铁厂一方，这时居民就无法索赔。但是，如果居民们认为付给钢铁厂一些"赎金"使其减少污染，由此换来的健康上的好处大于那些赎金的价值，他们就会用"收买"的办法"利诱"厂方减少生产从而减少污染。当厂家多生产钢铁的赢利与少生产钢铁但接受"赎买"的收益相等时，它就会减少生产。理论上可以证明，最后达成交易时的钢产量和污染排放量，会恰恰与前一种情况下相同。请注意，产权划定方法不同，在收入分配上当然是不同的：谁得到了产权，当然谁可以从中获益，而另一方则必须支付费用来"收买"对方。科斯定理所说的不过是无论财富（"产权"就是财富，是收入的源泉）分配或收入分配如何不同、公平与否，只要划分得清楚，资源的利用和配置是相同的——都会生产那么多钢铁、排放那么多污染，而用不着有个政府从中"插一杠子"。

那么政府是否就无事可做了呢？其实不是。不过是要去做它本来应做的事：明确产权。明确产权当然首先是在法律上界定产权归谁所有。但有效的法律界定依赖于实际的执法程度——不能执行的法律等于一纸空文。因此"明确产权"本身包含着有效地运用国家权力保护产权。这两件事在一个经济中只有政府来做（政府这个凌驾于个人之上的机器被创造出来首先就是为做"裁判"，而不是来"踢球"的）。这两件事本身当然也并不容易做。前面说到把产权判给谁就意味着谁的财富的增加，因此在界定产权过程中一定存在着大量的利益冲突，而保护产权则需要形成相应的法律细则，并建立起权威的执法机构。

科斯定理也表明了产权与市场之间的关系——既然产权不清就无法通过市场交易解决问题，那么显然，明确界定产权就构成了市场交易的先决条件。市场的真谛不是价格，而是产权。没有产权就没有合理的价格，只要有了产权，人们自然会"议出"一个合理的价格来。这就告诉人们：想要市场经济吗？请明确产权（其中包括界定和保护产权）！正因如此，在现代经济学中，"明确产权"与"市场交易"两个概念往往具有等价的意义。

明确产权是通过市场交易实现资源最优配置的一个必要条件，却不是充分条件。另一个必要条件就是"不存在交易成本"。

所谓"交易成本"，简单地说是为达成一项交易、做成一笔买卖所要付出的时间、精力和金钱（所买卖的那一种商品的价格不在其中，运输费、商品保管费等也不在此中）。市场调查、情报搜集、质量检验、条件谈判、讨价还价、起草合同、聘请律师、请客吃饭，直到最后执行合同、完成一笔交易，都是费时费力的，因此都意味着成本的支出。为什么要这么麻烦，费这么多力气？最根本的一个原因就是防着对方不说实话、坑蒙拐骗、损人利己。就河水污染这个问题而论，双方都可能不说实话，力图借这个"附带地"损人利己的事"存心地"损人利己。在居民有权索要赔偿的情况下，他们可能"漫天要价"，把"肠炎"说成"胃癌"；在钢铁厂有权索要"赎买金"的情况下，它可能把减少生产的损失，一元说成十元。无论哪种情况，对方都要调查研究一番，克服"信息的不完全"。然后还要经历艰苦细致的谈判，讨价还价。如果只是一个工厂和一户居民，事情还倒好办，当事人的数目一大，麻烦就更多，因为有了"合理分担"的问题。如果是多个厂家，单就谁排了污水、排了多少，在他们之间如何分摊赔偿金或如何分享"赎买金"就要先扯皮一番；如果是多户居民，谁受害重谁受害轻，怎么分担费用或分享赔偿，也可打得不可开交。所有这些麻烦所引起的时间、精力、金钱的耗费，就都是在这个问题上的交易成本。而正是这些交易成本，可能使得前面所说的那种由私人交易达到的资源配置无法实现——或是大家一看有这么多麻烦，望而却步，不再去做赔本的买卖（交易成本大于索赔的好处，索赔有何必要?），或是由于交易成本也打入生产总成本，导致最终的钢铁产量和污水排放量不同于最优数量比例。所以说，科斯定理可以有一个"逆反"形式：如果存在交易成本，即使产权明确，私人间的交易也不能实现资源的最优配置。

交易成本在有的经济学家笔下被视为一个涵义相当广泛的概念（此概念人人在用，但如何下一个准确定义，至今仍是个有争议的问题），既包括人们为了充分了解客观世界的各种情况，预防一项经济活动所面临的客观世界中存在的各种"风险"所需支付的成本，也包括下述种种并非由客观原因引起的成本：(1) 经济活动各当事人为确定各自的正当权益而付出的成本；(2) 为克服他人出于"嫉妒"或其他原因而设置的各种障碍，争取实现自己的正当利益所需付出的成本；(3) 为了解交易对手的真实情况、防止被坑被骗、被人侵害、保护自己的权益所需付出的成本。这后一类中的种种成本，可以说纯粹是由人与人之间的相互"扯皮"、不同利益之间的相互冲突所引起的，而并非出于什么"客观的"原因。为了与那些由客观原因引起的成本相区别，我们不妨将这一类成本就称为"扯皮成本"。而"交易成本"这个概念的特别之处，它所涵盖的特殊内容，正是这种"扯皮成本"。因此，就其特殊内容而论，我们可以就把交易成本理解为"扯皮成本"——它所指的主要就是在各种可能的情况下，为获取经济收益而与人打交道时发生的一切时间、精力和物质的支出。

交易成本本身也有一个"制度化"的问题，而"制度化"又可能反过来减少或增加交易成本。天下有一个人试图损人利己，社会就往往得设置出一系列的法规、制度、"审批手续"来加以防范，而既然是社会制度，就得对人人适用，结果，不仅防了"小人"、也防了"君子"（有时小人没能防住，单单防了君子），就是说所有的"君子"得为个别小人的存在而多支付许多额外的成本。有制度就得有一系列执行制度的社会机构，维持这些机构存在和运作的费用，是社会总交易成本的一个组成部分，它们的存在，本来是为了保护人们的正当权益、减少交易成本的，但在这些机构中工作的人们本身也可能构成一个个特殊的既得利益集团，它们之间会相互扯皮，而且还会把它们自己的利益，建筑在公众更多地耗费时间、精力和金钱与这些机构相周旋的基础之上，结果可能反倒增大了全社会的交易成本。

我们生活中处处事事都在与人打交道，我们生命的一大部分就是在人与人之间的各种"扯皮（被人扯和扯别人）"之中耗掉的，社会财富中的很大一部分，也是消耗在扯皮之上的。美国新制度经济学派经济史学家道格拉斯·诺思和约翰·瓦利斯曾试图测算美国经济中交易成本占资源耗费总额的比重。他们认为一切提供交易服务的部门所用掉的资源数量的变化，在一定程度上就体现着一个社会中交易成本大小的变化。提供交易服务的部门包括：商业（不包含运输）、金融、保险、房地产业等私人部门以及全部政府部门，包括立法、司法和行政机构。他们的研究发现，提供交易服务各部门所用掉的经济资源，在 1870 年占美国国民总产值（GNP）的 25%，而在 1970 年增长到 50% 以上。想到这些，交易费用这个概念近一二十年来能够被广泛应用于解释各种经济现象，甚至形成了"交易费用经济学"，也就不足为奇了。事实上，人类的经济活动，从来就是由两方面构成的，一方面是与物质世界打交道（学称"人与物的技术关系"），另一方面是与人打交道（学称"人与人的社会关系"），相应地，我们所获得的每一项经济收益，都要由两种成本换来，一是与物打交道时支付的"生产成本"，也就是生产出一定产品在技术上必要的人、财、物的耗费，另一种便是与人打交道时必须消费的"交易成本"。这两种成本，反映着经济活动中的两方面的基本关系，也必然地体现在各种经济现象、经济问题当中，所以交易成本的概念也就能有如此广泛的应用价值。

科斯定理的两个前提条件，各有各的所指，但也并不是完全独立、相互之间没有联系。最根本也是最为人所重视的，是明确产权对减少交易成本的决定性作用。

产权不明确，一个重要的后果就是扯皮永远扯不清楚，意味着交易成本无穷大，任何交易都做不成；而产权界定得清楚，即使存在交易成本，人们在一方面可以通过交易来解决各种问题，另一方面还可以有效地选择最有利的交易方式，使交易成本最小化。

交易成本无处不在，是基于人是社会动物，处处要与他人打交道并受他人掣肘的事实，但这并不是说在任何条件下，或者在任何"打交道"的方式下，交易成本都是相同的。不同条件下人与人之间打交道的"方式"，就是所谓的"经济体制"。在有的体制下，经济效率高些，有的体制下，效率则低些，这种差别说到底就是交易成本的差别。产权明确与产权不明确，是体制之间的一个基本差别，由此造成交易费用的差别，在前面已经说过了。但二者所造成的另一个差别是，产权如果是明确的，人们便可以在此基础上选择不同的体制，来最小化交易成本；而若产权不明确，人们只能眼看着资源利用效率低下而束手无策。还可举河水污染的例子。如果上游钢铁厂排放污水影响的是下游的印染厂，两家在产权明确条件下用赔偿的办法解决问题，需要每隔一段时间根据变化了的情况谈判一次，那么这时如果交易成本太高，双方就可能选择另外的方式来解决问题，比如一方干脆一次性地把另一方"买下"，组成一个"联合总公司"，把整个污染的问题放到总公司总利润最大化的原则下来加以考虑（这就是所谓"用企业代替市场"的办法；在其他一些情况下，人们则可以反过来，通过"专业分工""用市场代替企业"）。"联合总公司"与"不联合但通过交易索赔"就是两种不同的经济体制。产权明确，人们就可根据采用这两种体制时哪种交易成本更低些，来选择体制，节约资源，减少"扯皮"的耗费。而这一切显然都是以产权明确为前提的。产权若不明确，上述两种方法都根本不能进入他们"选择的范围"，就更谈不上择优选择了。

科斯定理本身是就"外部效应"而论的，这篇札记也仅举"河水污染"的例子，但产权与交易成本在经济活动中的作用与二者之间的相互关系，却是普遍适用的，这正是产权理论和交易费用理论影响日大的原因，也是我们可以从"科斯定理"中引申出许多针对现实问题的结论与主张的原因。当我们试着将这定理中的基本原理应用到我们身边的事上来，做一番经济分析的时候，它的确能使我们从大大小小的平淡无奇之中看到经济学智慧的光芒。

1992 年 1 月 28 日

第十讲

作为制度的文化

中国的经济学家正在越来越深入地研究传统习惯、文化、道德观念等在体制改革过程中的重要作用。最近读到吴敬琏、刘吉瑞的专著《论竞争性的市场体制》①，在对我们经济改革问题进行全面、深入的分析当中，专辟一章，论述经济改革与政治改革与观念更新的关系，论述了在改革过程中文化价值观念更新的重要性，并特别分析了中国的儒家文化传统与现代市场经济的关系，对马克斯·韦伯在 19 世纪提出的认为儒家文化阻碍资本主义发展的"韦伯命题"进行了分析和批评。又读到了孔泾源的论文《论中国经济中非正式约束的作用》，对中国传统文化中的"天人合一"论、集权主义、等级均衡等在市场取向的改革中所起的正负两方面的效应，进行了系统的分析。这些论著都极富启发性，在体制改革理论的研究中具有重要的意义。

现代经济学对于文化传统、习惯、道德、意识形态等的重视可以说是越来越明确、越来越"自觉"，直到现在把这些原来被当做经济体系"外部条件"的东西，都归为制度的一个组成部分，称作"非正式的"或"无形的"制度，而把法律、规章、组织等称作"正式的"或"有形的"制度。这种"一般化"的做法，倒不是因为经济学家试图使自己的学科更加包罗万象，或者像某些人所说的

---

① 《论竞争的市场体制》，吴敬琏、刘吉瑞著，中国财经出版社 1991 年 12 月版；《论中国经济中非正式约束的作用》，孔泾源作，载《经济研究》1992 年第 7 期。

那样要搞什么"泛经济学"，而的的确确是因为分析来分析去，人们发现文化和道德观念之类的东西在一个最基本的问题上与法律、规章等并无二致，都符合"社会规范"或"行为约束"这样一种对于"制度"的定义——文化、道德等与法律、规章一样，都是调节人际关系的一种"规则"，都是社会对个人行为的某种约束。

举例来说，一个社会在一定时期内关于收入"平等"具有一种由习惯、传统而构成的被多数人认可的标准。就正式的制度来说，可能没有哪一条法律、规章说一个人不能发财，不能比其他人的收入高出几倍或几十倍，或规定发了财后必须与他人分享等。但是，在一定的社会或社区内（比如说农村地区或在亲戚朋友构成的人群中），都会存在一定的关于"平等"的习惯或"道德规范"，构成了对人们"发财"或"发财之后"的行为的约束，一个村子里，一个人发了财（首先富起来）若不与其他村民或亲戚分享，便可能被视为"黑心""不够朋友""缺德"等等，人们根据习惯或通行的道德观念，"自然而然"并且"理直气壮"地找上门来要求"分一杯羹"，或是个人上门来要，或是大家一起通过"地方政府"来要求捐助、摊派等，若不能得到满足，今后这个人便会处处受到大家的排斥、打击，使其"什么事都办不成"，甚至会发生故意破坏、造成财产损失等。在很多情况下，"发了财"的人，自然也就只好主动非主动、情愿不情愿地按照习惯和道德所形成的"无形的"规则办事，与他人分享自己的收入。这种个人收入"外部化"的无形的制度，自然会阻碍或约束着人们追求更多收入的行为。当一个人考虑到自己必须交出一部分收入与他人分享的时候，有些赢利行为可能就变得"不值得"了（就像税率太高了没人愿意多生产一样）。无论正式的制度如何规定，实际中的经济行为、收入分配以及由此决定的经济运行结果，是会在一定程度上受到通行的"平等观念"这一非正式制度所决定的。现实中起作用的"制度总和"，既包括正式的制度，也包括非正式的制度。

再一个例子是国有企业的"破产法"。这显然是一个正式的制度，我们经过很大的努力终于使之得以在体制改革的大潮中获得通过，以法律的形式昭示于众。但是，在几十年国有企业经营的过程中已经形成的"习惯"是国家对亏损企业给予补贴，贷款可以无限期赖账，实在不行了与其他企业实行合并，而不是宣告破产、实行清算等。结果，虽然有了"破产法"这个正式的、成文的制度，但人们还会继续按习惯办事，实际中实行的仍是现在已不同于正式制度的那些非正式的制度。结果，虽然有了"破产法"，亏损企业也在不断增多，但仍然几乎没有企业依法破产。

另一些例子也许能说明道德或一个社会中流行的"价值观念"以及意识形态在经济生活中的作用。所谓"价值观念"，是指人们对于什么是好、什么是坏，什么是幸福、什么是痛苦，什么是"值得的"、什么是不值得的一种主观判断。当"无私奉献"这样的精神被社会普遍视为"光荣之举"的情况下，国民经济增长中的很大一部分可能就是由"义务劳动"创造的，同样的增长率所需付出的劳动工资成本会较低而实际利润率会较高。正式的制度中不一定有"劳动无报酬"这一规则，但实际上人们却会这样做（这其实是从另一方面破坏了"按劳取酬"，虽然是从"高尚的"一面）。反之，当社会上普遍把"无私奉献"视为"傻帽儿"的时候（交易劳动之类的事情就会大大减少，同样的国民生产总值中所含的工资成本自然也就会增大。

有人或许认为习惯、传统等至少在一点上不同于通常所说的制度，即习惯等是人们可以"自觉"遵守的，而无须他人或社会的强制。但这只是在一定程度上是对的，而且只是在下面的意义上才是对的：传统文化或习惯由于被社会上的多数人自觉遵守并加以维护，对于少数不想遵守它们的人来说，并不需要社会建立专门的机构来对他们进行强制，而是可以通过某种方式由社会上的其他人自动地实施这种强制。比如亚当·斯密曾经举例说，若某种商业欺诈行为被当地（另一个地方情况可能不同）的商界普遍认为是不道德的、不能被接受的（虽然可能并未违法，而只是比如说没有充分地"讲信用"），一个人一次"犯规"，可能导致所有人今后不再同他做生意，使他蒙受极大的损失。在这种情况下，一个人就会"自觉地"按照当地的这种道德规范行事，否则，对他来说是"不合算的"。在我们前面所举的"吃大户"的例子中，只要这种现象被认为是"正常的"，谁想破坏这种习惯，拒绝摊派或拒绝别人来"吃大户"，其他人就可能采取种种手段来破坏他的事业或对其采取"不合作"的态度，使其蒙受更大的损失，结果，他就只能"认头"，与大家分享自己的财富。"吃大户"者利用和维护"平均主义"这一习惯或观念，是因为这一"无形的制度"对他们有好处，而"被吃"者遵从这一制度，是因为不这样做损失可能更大。在任何情况下，一种制度之所以能够有效地发挥作用，一定是因为它伴随着一套有效的"奖惩机制"，那些虽然有正式规定但却实行不了或有效性有限的制度，一定是因为"奖惩不明"或缺乏足够的对违法行为的监督手段（机构、人员、经费、"决心"等），从而无法切实地实行奖励或

112

惩罚。

这完全不否认人们会自觉地、情愿地遵守一项从某种意义上说对自己不利的制度，但这样做的前提条件是人们真正把一种道德观或一种理论和信仰，看成是自己应该为之献身的东西，或者把他人的幸福也看成自己的幸福，能够从他人的满足中获得自己的满足。"子女敬养父母"的家庭制度（请注意并不是任何国家这方面的制度都是相同的），在很多情况下的确是真正自愿的，而这应归功于人们已经把"孝顺"这一伦理道德看成为一种"天经地义"，或者归功于子女切实地将父母的幸福当成自己的幸福。诺恩曾指出，意识形态或伦理道德能起到降低一种正式制度的实施成本（监督、维持等的费用）。

许多非正式的制度都在实际中发挥着作用，决定着人们的行为，但这并不是说制度是正式的还是非正式的，是件无关紧要的事。这是因为，制度作为制约、规范人们行为的一种规则，使人们能够在调整自己行为的同时，预测他人的行为，从而减少人与人之间的扯皮以及相应的"交易成本"。非正式的制度同样能够使人们在一定的程度上预测到别人会怎样行为（怎样行为对那些人是有利的），但由于其"非正式"，人们可遵守可不遵守的不确定性就必然较大一些。相反，制度越是"正式"，越是有正规的社会机构对执行制度进行监督，人们的行为就会越是符合一定的规则，越是具有"规律性"，别人就越容易对其进行预测，打起交道来也就越容易，不必花费更多的时间精力去调查、了解，去与之签订更详细的合同，也可以减少对执行合同的监督。总之，会减少"交易成本"。在当今中国，不对有关人士"给点好处"就办不成事，可以说已经成了一项非正式的

（甚至不能公开讲明的）规则，但正是由于这是一项非正式的规则，在经济活动中就有着很大的不确定性——你不知道究竟该给谁好处、给多少，不知什么时候、什么地方会"节外生枝"，一处没有"打点"到就会使事情办不下去，因此要费很大的成本去四处打探，找"门子"，有时还会因"走错了门子"而白花钱，该花的地方反倒没有花到。如果这一切"公开化"、正式化，"正式"规定"该给哪里、哪些人付多少好处"（这相当于"明码标价"），可能反倒会减少成本，提高效率（当然也便于监督这些"好处费"的"去处"，但也正因如此，人们不愿意公开）。一些外商想到中国来经营业务，也知道该花些"额外的成本"，最终却因为"信息不公开"，摸不到门子、节外生枝的事太多而放弃了原来的计划，这可以说是非正式制度下交易成本较高而阻碍经济发展的一个典型例子。

习惯与传统的东西，并非总是变革的对象，任何已有的文化都有其积极的成分，任何新的制度只有与一定的传统文化相结合才能在一个社会中真正建立起来。但是，在制度变迁的过程中，我们的确需要更多地注意到传统或习惯所起的阻碍作用。

今天已经成为无形制度的东西，往往是历史上某种有形制度的"遗产"——习惯、传统和价值观念等本身可能就是在过去的某种制度下形成的，而非正式的制度，即传统、习惯、道德观念等，往往比正式的制度更加"根深蒂固"、更加"深入人心"，在社会生活中会起到更加久远的作用，因此也更加不易改变。早期制度经济学的理论家往往更强调制度作为一种习惯的特征，认为制度的本质就是长期形成的习惯或传统。制度经济学的创始人之一，美国经济学家凡勃伦曾经说过："制度实际上就是个人或社会对有关的某些关系或某些作用的一般思想习惯，……今天的制度，也就是当前公认的生活方式"①，汉密尔顿指出，一种制度意味着一种思维方式或某种广为流行的、经久不衰的行动，制度根植于人群的习惯或风俗②。这就告诉我们要对于各种非正式制度的变革给予更大的注意。体制改革往往从"解放思想"开始，思想不解放任何正式的制度变革都不可能发生，而正式制度的改革并不意味着体制变革过程的结束，只有当社会上大多数人的价值观念、思维方式都转变过来的时候，改革才会真正成功，而这往往要比一些正式规章的改变更难、需要更长的时间。前面所举的国有企业破产难的例子，在一定程度上就说明了这一点。在计划与市场的问题上，也是这样。几千年的集权主义传统和几十年的计划经济，以及过去的某些"社会主义"的理论，给我们留下了一个相当根深蒂固的"精神遗产"，就是不相信民众之间自利的行为和互利的交换能够使经济有秩序地运行，而只是相信"专家"或"精英"们的理性与智慧。我们不妨称此为一种"精英治国论"思想。这种思想认为，一个由受过良好教育的专家组成的政府或计划当局，第一能够知道民众的"物质与文化"的需求偏好，因而知道所谓的"社会福利"或"全民利益"；第二能够根据这种被知的偏好有计划地组织社会生产使其得到最大限度地满足。这种思想的核心在于，民众个人是不可依赖的；由个人各负其责、各行其是，是会出乱子的，因而是要不得的；"有政府"一定比"无政府"要好；在集中计划体制下事情没搞好、出了问题，不是因为体制上的弊病，而是因为"计划不科学"，管理者"素质太差""政策

① ［美］凡勃伦著，《有闲阶级论》，中译本，商务印书馆，第138～141页。
② ［英］汉密尔顿，《制度》，载于《社会科学大百科全书》，1932年剑桥版。

失误"等，总之是因为你"笨"，只要换一个"聪明人"或"懂行的人"来搞，就可以解决问题，但总还是要集中地搞、有计划地搞，因为只有"精英"是"有理性的"，而其他人是"无理性的"。结果，遇到什么事，出了什么问题，首先想到的就总是怎么去"管住"、去加强计划控制、去增加"审批"，而不是怎么去因势利导，利用市场机制去加以调节。甚至在积极推动改革的人士中间，在如何进行"市场化"改革的问题上，也总是强调要自上而下、按部就班，先由专家们"精心设计"出一个周密的计划来再搞，而不相信只要一些基本的规则有了，当事人比任何专家更知道如何根据具体的条件制定出有效率的规则。市场机制的特点正在于能使人们自愿而自动地"分头行动"（而不是"一刀切"地统一行动），充分利用各自所面临的特殊条件去捕捉新的赢利机会；市场化的改革过程也是这样——只有处在各种特殊条件下的当事人自己，才最知道什么样的体制、什么样的管理方法，最适合于他们的特殊条件，最知道当前怎么改、改什么、迈多大的步子，最适合当前的特殊情况；也只有当事人自己才能创造出最适合于自己特殊情况的具体体制形式。市场化改革是一个关系到千百万民众切身利益的事，许多事情只能由民众自己来完成。只有那些由民众自己创造然后由理论家们加以总结、上升，为理论的东西才是真正有生命力的，而不是相反，先有计划后有实践。用计划的办法搞市场化改革，正说明我们头脑中习惯了的计划思维方式是多么的根深蒂固。

一切历史的积淀都会在今天起着这样或那样的作用。正是因为现在社会中有形无形、正式非正式的约束，使我们的改革不可能一蹴而就，也必然地会使一个国家、一个民族、一个文化群体的改革道路以及改革过程中所必须经历的种种"中间形式"以至最终形成的经济社会制度本身呈现出自己的特点，因为既然你不摆脱掉这些约束，你也就不得不暂时"迁就"这些约束，那种不正视现实、硬要"强扭生瓜"、希望"一口吃个胖子"的做法，不仅不能成功，还往往适得其反。但是，暂时的合理性不等于永久的合理性。需要清醒地认识到的问题是：不管现存的东西历史多么悠久、多么根深蒂固、改起来多么困难、需要多么漫长的过程，一切落后的、阻碍经济发展和社会进步的东西都将迟早被历史所淘汰（好的东西，不妨碍经济效率或有利于经济效率提高的东西自然也会以新的形式"适者生存"，不必担忧）。我们现在"迁就"一些习惯的东西，只是为了在当前减少改革的成本和阻力，为了今后更顺利地将其改掉，而不是为了将它们永久地保存或将其"固化"起来，就像我们对某些既得利益的维持甚至是"赎买"只是为了最终取消既得利益一样。对于那些妨碍经济发展的东西，只存在"暂时改不掉"的问题，而不存在是否要改掉的问题。强调文化、习惯、传统的重要性是对的，有利于我们克服那种不顾现实条件的"急躁病"。体制变革理论也正越来越将这些因素引入理论分析。但若把文化、习惯、传统的重要性作为论证传统体制或变相的传统体制的合理性的一种依据，一味地强调我们是如何地特殊，从中引中出应该永久保留或以某种形式"固化"旧体制的结论，我们就永远不会摆脱落后的状态。传统文化中那些有生命力的东西，一定是在新的条件下与新的文化相结合之后以新的形式"再生"出来的，而不是我们人为地保留下来的。在人类社会的发展历史中，对于不同的文化与传统，同样存在着不以人的意志为转移的"物竞天择"，能够适应变化了的科学技术和生产方式的文化"基因"，会在新的条件下生存与发展，而那些过时的、落后的、腐朽的东西，虽然在其消亡之前，还会阻碍着新制度的成长，但在未来社会的"特色"当中，却绝不会有它们的一席之地。

经济学 "选择" 还是 "契约"

当代世界上最著名的经济学家之一、美国麻省理工学院教授保罗·萨缪尔森，在 23 岁的时候着手写他的博士论文，题为《经济学基础》。这里"基础"二字不是指"基本知识"，而是指经济学这一学科最基础的理论内容和最具一般性的研究方法。与一般的范围狭窄、只求在某一具体方面有所成果的博士论文不同，这是一篇雄心勃勃、力求在整个经济学基础理论方面有新建树的巨著。论文一发表，几乎立刻被西方经济学界认可为一部具有"经典意义"的著作（由于第二次世界大战，该书在写成七年之后，才于 1948 年出版）。人们注意到，萨缪尔森在这部著作中第一次通过系统的理论（以及数理）分析，表明了"在一定约束条件下的最大化"这一概念，适用于对一切经济行为和经济现象的理论分析，消费者在一定的心理偏好以及收入和市场价格等约束条件下，最大化各自的"效用"（满足），厂商在一定的技术条件和价格条件下，最大化利润，而整个社会，则由政府作为代表在给定的社会结构下最大化"社会净福利"，也就是最大化"全民利益"或社会全体成员的"共同利益"。这样，在萨缪尔森笔下，经济学在基本理论分析方法上获得了统一——统一于对各经济行为主体的"最大化行为"的分析，它的基本原则就可概括为"最大化选择"的原则。

如果说消费者最大化效用和厂商最大化利润这两个假定早已被经济学家采纳并已做过广泛分析的话，政府最大化社会福利这一假设只是从萨缪尔森之后，才被经济学家所广泛接受，并逐步成为许多经济学理论分析所不言而喻的前提。甚至，它逐步成为了一种思维定式，一提到整个经济或政府，它似乎自然就是最大化社会福利的——不是这样，又能是怎样呢？不如此，又要政府干什么呢？

相应地，以"经邦济世"为己任的理论经济学家们（而不是那些仅为公司服务的公司经济学家们），自然就把为政府出谋划策以使其更好地最大化社会福利或公共利益，当成了自己的任务和使命。他们在各种问题上都力图说明，在经济自发运行的情况下，会发生哪些不符合公共利益最大化要求的问题，政府"应该"采取哪些措施加以纠正，如何在各种供选择的社会改进方案中，选择那种能够最大化社会福利的方案。

然而，随着政府干预经济、管理经济的实践的发展，经济学家们却发现，现实中的政府往往并不按照经济学家们的愿望和开出的药方办事，政府所采取的政策措施，往往不是最大化社会福利，或者有利社会上的大多数人，而是往往只有利于少数人或个别利益集团，从而使事情变得更糟。比如西方国家实行的"政府管制"，按照理论家们的主张，应该限制垄断，鼓励自由竞争，或者使竞争更有效率。但在实践中，人们所看到的政府管制，却恰恰是限制了竞争，维护了垄断①。

理论与实践的矛盾，自然导致人们对理论的怀疑。

20 世纪 60 年代初，经济理论界发生的一场"公共选择革命"，在基本理论层次上所针对的，就是萨缪尔森所提出的假设和经济学

---

① 参见 ［美］乔治·斯蒂格勒著，《产业组织与政府管制》，中文版，上海三联书店，1989 年版。

家的思维定式。所谓"公共选择革命"，指的就是对传统的社会福利理论和政府行为理论的批判，以及作为经济学一个新分支的"公共选择理论"诞生、掀起这一"革命"的是以后获得了诺贝尔经济学奖（1986）的以詹姆斯·M·布坎南为代表的一批经济学家。他们指出，首先，萨缪尔森提出的看起来十分"对称"、统一于最大化原则的理论体系，事实上存在着一个突出"不对称"，在这一体系中一切个人和厂商（企业）都在最大化各自的特殊利益（个人追求自己的效用最大化，企业追求自己的利润最大化），唯独政府，所追求的是"别人"即社会全体成员"公共利益"。这种政府，与其说是一个具体的社会实体，倒不如说是像一个"超人"，它凌驾于世俗社会和人类的七情六欲之上，全知全能（知道经济中每一个人的欲望和要求），并只行善事，代表社会全体进行最大化选择。

　　现实中政府显然不是一个抽象的存在，而是由某些特殊的党派、某些具体的政客和官僚集团构成的社会实体。这些人的竞选口号当然是"全民利益"，或者说是"最大多数人的最大幸福"，但是竞选口号和当选后的实际所为，从来是两回事。他们所追求的，其实同样是个人或党派的特殊利益，是为那些能保证他们当选（无论是通过提供竞选资助还是给予政治支持）的特殊社会利益集团而服务的。因此更为"对称"、更具有一致性的理论似乎应该是：把"经济人"的概念"延伸至那些以投票人或国家代理人身份参与政治或公共选择的人们的行为上"[1]，在理论上承认政府或政客们，也像经济中的其他俗人一样，追求的也是某种特殊利益，而不是什么全民利益。

――――――――

　　① ［美］詹姆斯·布坎南著，《自由、市场与国家》，中译本，第36页。

所谓"经济人"，是一个具有特定涵义的经济学概念，它由亚当·斯密初创，用来描述现实中追求私利但可能（并不一定）在追求私利过程中增进社会经济发展的市井民众。而现代"公共选择理论"，从一定意义上说，就是把古典理论中的"经济人"概念进一步延伸去应用于分析政府行为的理论，政府也在"最大化"，但最大化的也是某种特殊利益，而不是全民利益。"最大化原则"仍是普遍适用的，但另一个原则也是普遍适用的，即特殊的经济行为主体，最大化的只是各自的特殊利益。这一延伸，有助于人们回答这样的问题，为什么在现实中政府的决策（政策或法令），往往与公众的愿望相悖，而不是相符？为什么政府官员中总会有人"腐败"或"以权谋私"？

在一定意义上，我们可以说萨缪尔森一派是"人之初性本善"者，他们相信一个出任公职的人，作为"国家代理人"制定政策、履行职责时，能够"一心为公"，以最大化公共利益为自己的行为准则（用布坎南的话说，上述理论中的"公共人"，被不言而喻地当做"圣贤"①）。他可能在决策中"犯错误"，但那仅仅是犯错误而已，其本意仍是善良的。这样，在萨缪尔森的理论体系内，一切事实上不符合公共利益或事后被人们发现不符合公共利益（只符合少数人或个别利益集团的利益）的政府决策，第一是偶然的，不具有内在必然性；第二，只能由"信息不完全"、考虑不周密，"上当受骗"等原因解释，最多只能用个别的（而不是政府）"品行不端""作风不正"来加以解释，而不能用政府本身的特殊利益结构和特殊行为目标来加以解释，因为政府的行为目标本身已经事先被假定为正确

---

① ［美］詹姆斯·布坎南著，《自由、市场与国家》，第55页。

124

的（最大化社会福利似乎永远是正确的）。

在另一方面，布坎南之流，则可以说是"人之初性本恶"论者。在他们看来，不仅私人企业主和消费者个人，那些出任公职当"公仆"的人也是"私人"（"俗人"），不仅也以追求私利为目标，而且也会"一有机会，就会损人利己"，在他们作为国家代理人进行决策时，也是在一定的社会约束条件下最大化自身的利益。这样，在他们的理论体系内，一切不符合公共利益的政府决策，就不再是一种偶然的"错误"，而只有了内在必然性，可以由决策者本身的行为目标来加以解释。对于这一理论来说，需要特别加以解释的是，为什么这些"私人"在某些场合又的确会作出有利于公共利益或多数人利益的决策。在布坎南等人看来，这不过是制度使然，是民主程序和决策规则使然，也就是他们作决策时所面对的那些"社会约束条件"使然，而不是"善心"使然。比如，如果一个社会有完善的社会监督机制，每个利益集团都在法律程序内充分发表自己的意见，保护自己的利益不受他人侵犯；当政府决策损害了多数人利益时，这些人可以罢免政府，另选他人；同时，那些较好地服务于公众的人在这样的体制内可以及时地得到奖赏和晋升，等等。那么一个社会就可以迫使政府官员为了自身的利益、为了自己的连选连任而"不得不"做出有利于公共利益的决策。

布坎南等人的基本论点在于：个人、企业或个别政治家（以及政治团体）的确是在每时每刻进行着最大化的选择，但社会整体的行为不能被理解为一种最大化选择的行为——不存在、不可能形成一个全知全能、专行善事的政府或"超人"在那里代表或"代替"社会全体进行这种最大化选择。不能像萨缪尔森那样把个人或企业的最大化行为模式，扩大延伸应用于整个社会，"这是一个经济学家绝不应该逾越的桥梁，是一个引起重大思维混乱的桥梁"。[①]这是因为，社会是由无数个别的人或经济单位构成的，他们是不同的行为主体，也是不同的利益主体，不同的人或企业的特殊利益（至少是特殊的"品味"），是相互冲突的，人人都想获得更多的财富和收入，以使自己获得更大的满足，而社会财富以及经济收入是有限的，你多得些，他就必定少得些，满足了你的特殊需要，就不能满足另外一些人的特殊需要。因此，一涉及"社会决策"或"公共选择"，几乎不可能存在令大家、全体都满意的情况，所谓"众口难调"，在广义上应被视为经济学所面对的一个基本事实。所以，一旦把一件关系到全体社会成员利益的选择问题提到社会面前，通过投票进行表决或交给某种社会机构进行决策，其结果总会是只有一部分人满意而很难有"一致的同意"或"一致的选择"。这"一部分人"可能是"多数"，也可能是"少数"。在举行"公民投票"的情况下，"多数票原则"往往能使最终选择符合多数人的利益，但也并不必然如此。对民主程序的分析表明，由于种种原因，投票人往往并不充分了解自己的利益所在，还会受到少数人宣传的影响而错误地理解所要决定的问题在"代议制"的情况下（由于事无巨细都诉诸公民投票是不经济的，因此民主的形式一般只能是"代议制"民主），议会或政府官员往往受到支持他们当选的利益集团的操纵或支配，因此它们或他们的决策往往只有利于少数人。只不过，由于任何政府都想社会稳定，都想获得更多的拥护，以便使之连选连任，因此，

---

① ［美］詹姆斯·布坎南，《应用经济理论的契约范式》，载于《美国经济评论》，1975 年 5 号。

在其决策过程中也不得不考虑其他阶层或集团的利益，从而在某些情况下，也会做出一些有利于多数人的选择。①

　　从"经济效率"的观点看问题，公共选择的结果是好是坏，不取决于一项公共政策是有利于多数还是有利于少数，而是取决于是否做到了"在不使其他人蒙受损失的条件下，使一些人受益"；换一句专业术语来说，就是选择结果是否实现了"帕累托改进"，达到了"帕累托最佳"。若换一句通俗用语来说，就是公共选择能否做到不使那种企图"损人利己"的人占了上风。从这个意义上说，的确存在某种可以称作公共利益的东西，或者说，存在着一些大家都同意的选择（比如说，人们一般会赞成一项能使收入普遍提高而收入分配比例不变的经济增长计划）。因此，布坎南与萨缪尔森在理论上的根本性分歧不在于是否存在着公共利益或"社会福利函数"，而在于如何解释公共选择的方式，一项正确的（或错误的）公共决策（政策法令），是由政府出于最大化公共利益的考虑进行理性选择的结果（或者，在"决策错误"的场合，是政府"失误"的结果），还是社会上各种经济利益相互冲突、相互制约所最终达成的"交易契约"的结果。

　　这样，公共选择理论，就把人们的视线引向了公共选择的全过程，它的程序、规则、机制以及整个社会的法律制度。所有的个人或私人企业可能都是"性本恶"的，但无数"性本恶"的个人和企业为什么能够在市场交易活动中使得社会福利获得普遍的提高？那只是因为市场竞争，这一特定的社会机制提供了一种适当的程序，

---

　　①　参见樊纲著，《市场机制与经济效率》，上海三联书店。

保证了不同的私人之间相互作用、相互制约，最终使个人谋求私利的行为在客观上起到了有利于他人、有利于社会整体的作用。在那些非市场决策（如政府决策）的问题中，要想产生出好的结果，同样有赖于形成一种适当的社会制度结构。保证决策者在谋求自身利益的同时，使整个社会的福利有所提高。无论好与坏，"政策"从本质上说都是制度的产物，而不是人的善恶本性或智慧心术的产物；任何政府政策，事实上都是一个特定的社会制度或组织结构以及各种利益集团相互作用、相互制约、相互冲突最终达成的某种结果，所不同的仅在于在不同的制度下，各利益集团（包括官僚政府等）在公共选择过程中所处的地位和影响力的大小不同，所能起到的作用不同，从而最终形成的决策，也就会向这一集团或那一集团"倾斜"。这种选择过程，也是一种"交易契约"达成的过程，其结果或多或少总是各利益集团在相互斗争中所达成的一种"妥协"——每个人都在追求自身利益，而最终结果取决于各种势力的力量对比，而不取决于某一个别的集团本身（无论是个人还是政府官员）的选择。政府官员的决策本身也应视为社会交易过程的一个环节和一种结果，因为它的决策范围、决策目标和决策方式等，本身是受社会中各利益集团（包括政治集团本身）的相互关系所限制的。正因如此，布坎南声称经济学不应是一门"选择的科学"（science of choice），而应是一门"契约的科学"（science of contract），"埃奇渥斯方盒①应是这一学科教科书的第一个图示；……而普遍适用的原则不是最大化，而是'一切来自交易'；经济学家的职能不是'最大化

_____

① 由英国经济学家埃奇渥斯提出的一种描述两个以上消费者利益关系、行为方式和最终交易结果的几何图形。

者',而是'交易仲裁人'(arbitrator),他站在利益冲突各方之外,努力使冲突各方达成互利的妥协"。①

把"政策"归结为"交易制度"的产物,自然也就把"坏的"政策归结为制度的缺陷,而不归结于某一政府或某些政客、官僚的"德行"或"决策失误"。显然,如果一个政府的政策一再失误,不是这么失误,就是那么失误,那么,我们就只能在形成政策的规则、程序、制度中去寻找根源,责怪政府官员愚蠢、腐败、无能等,是无济于事的。并且,政府人选及其"英明程度"本身也是制度的产物——有的制度能够不断地把精明强干的人从芸芸众生中挑选出来,放在最适合他们担任的公职上;而另一些制度则只有利于庸庸碌碌之辈或一心谋私者的晋升。政府官员的"公益心"之类的道德观念本身从长期来看也是制度的产物——一个廉洁奉公的官员能够真正得到奖励的制度,与一个贪污腐化者得不到惩处的制度,显然会产生出截然不同的社会风气和道德观念。

正因如此,布坎南等人又将自己的理论贴上了"立宪主义"的标签——要想增进社会福利,就不能简单地寄希望于任何政府的英明选择,而要寄希望于"立宪改革",也就是对社会经济体制和法律制度等更基本方面的改革,从而改变公共选择的规则与程序,使更好的政策得以产生出来。这种制度不是把"形成好的政策",寄希望于决策人的善心智举,而是以"实证地"确认一切个人只是"经济人"为前提,形成一套确保在各种私利的相互冲突中能产生有利于多数人的结果的决策规则和决策程序。

---

① [美]詹姆斯·布坎南:《应用经济理论的契约范式》。

布坎南一派理论家，为宣传他们的理论，已经奋斗了近三十多年。尽管布坎南本人获得了诺贝尔经济学奖，可谓得到了经济学界的某种承认，但是，他们的理论观点在经济学理论界还很难说是"深入人心"。"社会贤达能够代表公众做最优选择"这样的思想，实在是源远流长，根深蒂固，并且，越是杰出的思想家（包括经济学家），智能出众者或有志于献身公益事业的志士贤人，就越是容易有这样思想倾向——"如果让我来管理社会或管理政府，该多好啊！"一旦他们真的出任公职，其行为方式往往也并不与其他人有多大的差异，最初的抱负也会渐渐地变形走样，即使"良心仍在"，也只能抱怨自己如何如何地每每"掣肘于他人"（最好的情况便是辞职不干了）。

　　颇为有趣的是，无论是"契约论者"布坎南还是"最大化主义者"萨缪尔森，都没有出任过政府公职。布坎南在西方社会中具有"反体制"倾向，自然难以被体制选中，他自己的理论也要求他保持"仲裁人""立宪改革者"、政府"局外人"（outsider）的身份。而萨缪尔森则也曾力辞肯尼迪和约翰逊政府请他加入总统经济委员会的要求，甘愿继续做个"经济学家的经济学家"。他当年拒绝放弃理论经济学家的地位转而出任政府经济学家时所提出的理由当然与布坎南等人的理论不是一回事，却也颇耐人寻味："从长远来看，经济学者所致力追求的东西简直不值分文——仅仅是为了获得我们自己的喝彩……这并不是'为艺术而艺术'，或者'为了美的缘故而追求逻辑美'，也不是提倡把现实世界的政治经济问题留给那些外行的非经济学家处理，也不是说我们只希望在少数圈内人中获得赞赏我们这样做的原因仅在于希望使我们所发施的号令能不走样（能够在事前有充分的思考时间，能够考虑到一切有关的事实）……"①换言之，他还是认为经济学家应该"发号施令"（call shots），只不过不应像其他人（显然包括"政府经济学家"）那样仓促，那样短视而已。不同的经济学家对经济学家本身的行为与作用也有着不同的解释，理论上的争论就更是不容易平息的了。

最后，不知是否需要画一添足之笔：本文议论的是其他国家的经济学家，说的却是阁下身边的事情。

注：《自由、市场与国家》，[美]詹姆斯·布坎南著，平新乔、莫扶民译，上海三联书店1989年版；《经济学基础》，[美]保罗·萨缪尔森著，费方域译，商务印书馆1990年版。

---

① [美]保罗·萨缪尔森，"经济学术与思想历史"，载于《美国经济评论》，1962年3月号。

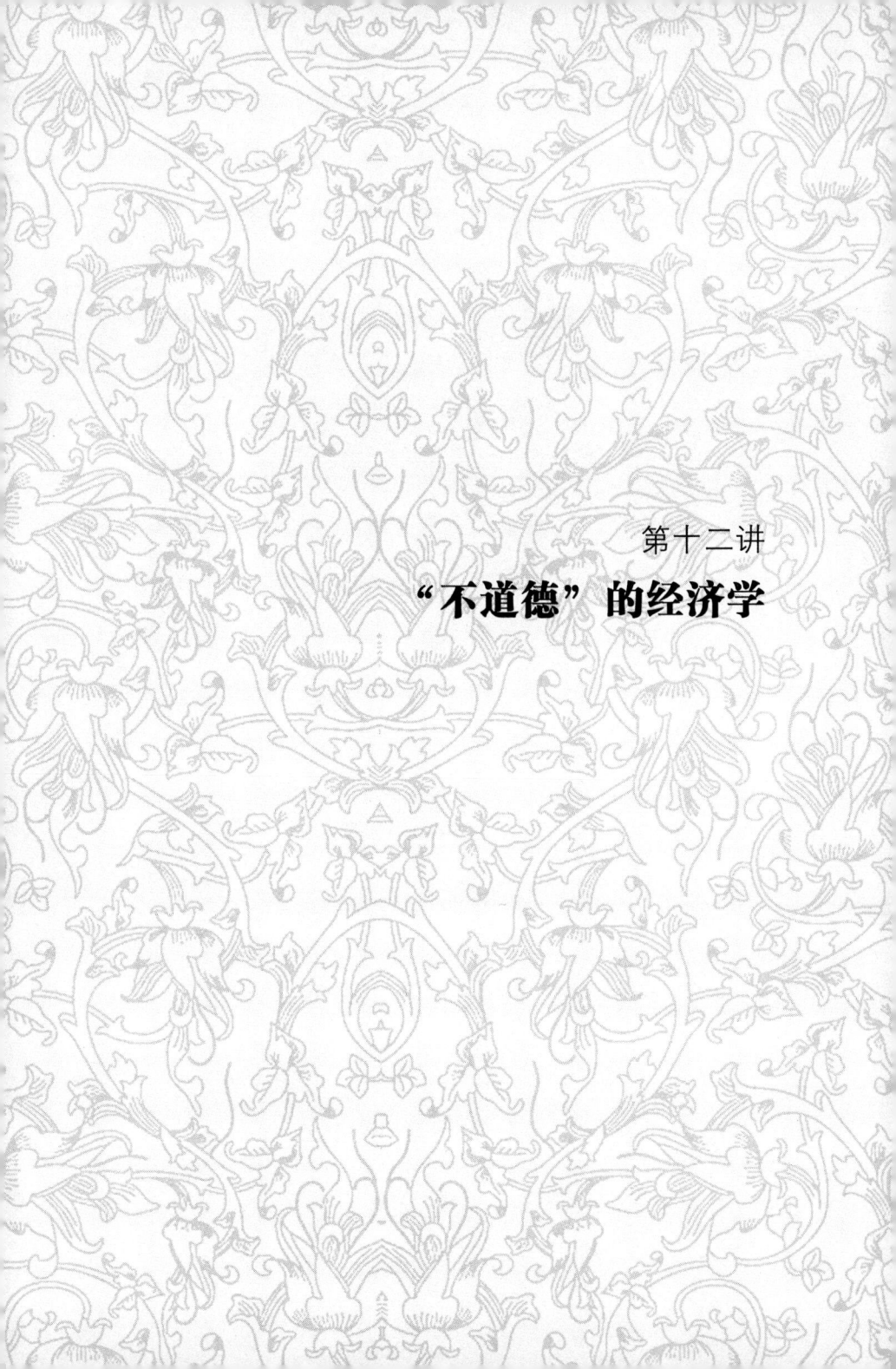

第十二讲

"不道德"的经济学

相当长一段时间以来，经济学者经常发现自己被卷入关于道德的争论。许多人（包括一些其他学科的学者）认为经济学家也应该"讲道德"，不能只鼓吹"赚钱""利润最大化"；不少经济学家也在鼓吹经济学要讲道德。但是，本文想要说的是，经济学虽然离不开"道德"、价值体系之类的概念，但它本身不研究道德问题。经济学家作为社会公民的一分子，应该是有道德的；作为一般意义上的知识分子，甚至也应该做传经布道的工作；但作为经济学家，谈道德却是"不务正业"。

首先要说明的一点是，经济学的分析离不开道德、价值与伦理观念。第一，作为经济学最基本概念之一的"效用"或"幸福"本身，就包含着个人（任何一个个人）对什么是幸福、什么是痛苦，损人利己是否幸福、助人为乐是否是"傻帽儿"等一系列问题的价值判断和伦理尺度。一个人的"效用函数"或"偏好"，其实就是一个人对各种事物好恶评价的一种价值体系，没有这种价值判断为前提，经济学的分析就无法展开。

其二，即使在"效率"这样似乎十分"价值中性"的概念当中，本身也包含着价值判断。比如所谓的"帕累托效率"概念（这是现代经济学中所使用的最基本的效率尺度），本身就包含着价值判断。因为，当它承认某个人的境况是变好、变坏或不变的时候，它承认只有个人才知道什么对他是好的、坏的，什么对他是幸福的，什么对他是不幸的，别人的价值判断对他无用；个人与个人之间的效用满足无法通约、比较。这就是帕累托原则背后的"个人主义标准"。所以，用帕累托标准衡量，只有当一个人认为自己的境况有所改善而其他人认为自己的境况至少没有变坏的时候（不是别人认为他们的境况怎样，而必须是他们自己认为如何），我们才能说发生了"帕累托改进"（效率改进）。

其三，同样非常重要的是，经济学承认，在人们判断自己幸福不幸福的时候，不是孤立地只想自己，而是也会把自己与别人的相对处境、相互关系考虑在内，"相对收入"或"平等与否"会是人们衡量自己幸福与否的一个重要内容，而别人的幸福与否也会成为一个人自己感觉幸福与否的一个重要因素。比如，尽管一个人收入提高了，但若他看到别人的收入比他的增长更快，自己相对地位低了，他反倒会感到痛苦（"嫉妒"）；而对另一些人来说，当他得知他的父母、子女感到比以前幸福了，他也会感到自己更加幸福。在一个"阶级斗争观念"流行的社会中，人们会以"凡是敌人拥护的我们就要反对"作为行为标准；而在一个和谐而友善的社会道德氛围里，人们的幸福感会相互促进。

其四，道德或价值体系不仅是人们行为目标的基础，而且构成人们的行为约束。这主要是指在社会中占优势的、较为普遍被接受的道德规范对某一个人行为的约束作用。比如，人们会认为损人利己是不道德的（"损"到什么程度是不可接受的，则在不同的"道德水准"下有所不同）；人们还会认为不平等是不可接受的（什么意义上的不平等，不平等到什么程度，"基尼系数"到多大，是不可接受的，在不同的社会中会有差异）。行为约束，可能最终会以正式的法律或规章的制度形式出现，表现为社会强制执行的规则，也可能只是以社会舆论、"千夫所指"的非正式的形式出现。二者之间还可以相互转化。比如子女敬养父母的"孝道"，现在在新加坡成了强制执行的法律；而不随地吐痰在有些国家中可能已变成了不必由法律监督的基本公德；等等。

以上的一切分析都表明了经济学的分析是如何地离不开道德，离不开价值判断。如此看来，经济学不是很讲道德吗？其实不是。经济学的界限在于：它只是在给定的（由别人给定的、由别的学科给定的，或者就是由社会给定的）道德规范和价值体系下进行分析，它是把人们（个人或社会）的"偏好""口味""价值观""生活目标"、社会公德、"平等观"等当做"外生的"、在经济学体系之外决定的东西来看待，当做自己分析的前提条件接受下来，然后在某种（任何一种）给定的道德准则、社会规范等的范围内，进行经济学分析，告诉人们如何行为、如何选择、如何决策、如何配置资源，才能最大限度地实现自己的目标、增进自己的幸福；告诉人们，在目标和利益相互冲突、相互约束的个人之间，如何相处、如何妥协才能实现某种"均衡"（"市场均衡"的真谛在于利益的平衡），达到冲突双方或冲突各方的利益最大化（"最大化"的真谛在于"不能再大"），等等。在这个过程中，经济学事实上也就把不同的社会标准、道德价值观念等作为不同的外生变量带入经济学分析，指出它们的差异如何会带来经济行为的差异和经济后果的不同。

但是，经济学本身不谈道德！第一，它不对一种（任何一种）价值观的好坏作出评价；第二，它不研究各种道德观形成的历史，虽然不排除经济学能把一种经济制度的运行会怎样最终影响到社会道德规范的变化揭示出来，也就是把道德规范作为一个经济过程的"副产品"来看待；第三，经济学本身不研究如何改变道德规范，特别是不研究如何通过道德教化、思想教育等来改变人们的价值观、道德观，并通过这种道德说教活动来改变人们的经济行为和社会的经济结果。

从这个意义上说，经济学是十分谦虚的：它不打算改变"人性"，而只满足把现存的"人性"接受下来当做自己分析的前提。这不是说经济制度、经济政策的最终结果不会影响到人们的道德观念（有些体制运行的结果就是道德沦丧，比如在有的体制下会把最讲信用、最怕欠债的民族变成了以欠债、不讲信用为荣的群体），而是说不仅经济学的分析不依赖于道德观念的改变，经济学本身也不以改变人们的道德观为目的，而只是在现在人们一般具有或接受的道德规范下研究人们的选择方式和行为方式。比如经济学会告诉人们：在人们是自私的情况下，如果一种经济制度不能对假冒伪劣进行有效的揭露和足够大的经济惩罚，人们就一定会倾向于更多地去搞假冒伪劣；而真材实货的发展，只能在制度改革、包括法制发展起来之后才能实现。也就是说，经济学为改变假冒伪劣这件事开出的"政策药方"只是制度改革，而不靠"宣传教育"，靠"打动"或"唤起"人们的良心或良知去消灭假冒伪劣，通过改变人性去改变社会。

由此也可知，经济学不想"越俎代庖"，去干伦理学家、哲学家、文学家、政治家、传教士以及各种思想工作者的工作。经济学的谦虚，在于它不想改变人性，但绝不否定"改变人性"这个艰巨任务的伟大，不否定伦理学、哲学、文学、政治、宗教等的重要意义或重要的社会职能。只是由于社会分工不同、职业分工不同，经济学不去做其他学科所做的事情罢了。

经济学不仅不抱有改变人性的伟大企图，而且不抱有人性一时半会儿可以改变的幻想，正因如此，经济学把自己的任务定在如何在假定"性本恶"的前提下设计出经济体制、经济政策，以使经济运行取得较好的成果。

我不想陷入原本意义上的"性本善"还是"性本恶"的争论，也不想争论最终（几百年、几千年或无论何时的未来将要实现的理想境界中）人是不是可以教化、人性是不是可以改变，恶性是不是可以改造为善性。经济学所要做的第一件事是实证地考察、分析，现实中，人们是否是自私的、甚至是一有机会就会损人利己的；是只有少数人如此，还是多数人如此，例外的只是少数。然后，经济学以此实证分析的结果为前提假定进行制度、政策或对策的设计，向世人提出建议。经济学的原则是，只要社会上还有一个人是"性恶"的，自私自利并一有机会就损人利己（损公肥私、假冒伪劣、不讲信用等），整个经济制度就必须建立在"性本恶"的前提假定之下，去设立各种制度防范"小人"。这个原则背后的逻辑是：只要存在一个"小人"，若这个人"犯恶"时不能受到应有的惩罚，恶行就会泛滥起来，"劣币驱逐良币"，最后弄得人人都比着谁更是"小人"。好的经济学分析所提出的制度与政策建议，其实说到底无不是防范"小人"的。所谓"合同"、监控、规则、法律（司法与执法）、民主等，都是为了防止人们相互欺骗，包括贪污腐败、偷工偷懒、假冒伪劣、借款不还等。防止相互欺骗，人们才能更好地发展合作——包括陌生人之间的合作，不至于穷的时候称兄道弟，有了点钱便相互使绊、反目为仇。

市场经济之所以是经济学家普遍推崇的一种经济制度，说到底不是由于它是多么的"高尚"或"高级"，而是因为它的"低级"——它不要求人们都是善良的君子，相反，它是一种可以使鸡鸣狗盗之徒相互交易、相互合作（通过交易而合作）而发展经济的制度；它所依赖的不是道德的教化、不是人们的善行，它处处假定你不善，假定你不讲"道德"，只顾私利，然后在此假定下处处用合同、法律等制度去防范小人、防范欺诈、防范恶行，以此来保证人们可以较为放心地交易、竞争并合作下去。正因如此，这么一个"低级"的、"随和"的制度才会比我们过去的那个"传统体制"更有效。我们的传统体制，其前提假定是人们都"同志式地合作"，都"以全社会的福利最大化"为目标，道德标准高到要求每个人，特别是经济领导人、企业管理者等都不仅要是能人，而且要是"圣人"，大公无私、任劳任怨、勤勤恳恳，只有这样，那个体制才能工作。我们不完全否认社会上存在这样的人，而且有不少这样的人，但遗憾的是，只要还有"少数""极少数""百分之五"以下的"异己分子"，而我们那个制度却对他们没有设防，没有设想人们若是道德修养不那么高，要是不和你"同志式地合作"，而是欺上瞒下，你该怎么办？到头来，或早或晚，不仅经济陷入绝境，而且是假冒盛行、伪劣盛行、腐败盛行、欺诈盛行。有的人把当今社会上的道德沦丧归咎于搞市场化改革搞坏了，真是一个天大的冤枉。当前的所谓"道德沦丧"，实际正是过去那种"高级的"、建立在圣人行为的前提假定下的制度必然难以为继的一种体现罢了。

本文开始指出了经济学分析离不开道德规范；紧接着又指出这

140

种"离不开"只是把道德规范作为一种外生的条件或约束，而经济学本身作为一门学科不是研究道德规范，其任务也不是道德说教；最后进一步指出，经济学提出的政策建议或制度设计，不依赖于道德水平的高低，而宁可假定人们在道德水平极低的前提下进行工作，反倒更现实、也更"保险"。从所有这些意义上，我们说，经济学作为一门特定的学科，经济学研究作为一种特殊的职业，它不讲道德、也不该讲道德；经济学家不应该不务正业，"狗拿耗子"地去做哲学家、伦理学家、文学家、政治家、牧师等在其职业领域内该去管的事情。

经济学家也是人，也生活在世俗的社会上，也受道德规范的约束，也受不道德行为的困扰，也因见到不道德现象而义愤。而且经济学家从其专业知识出发，可能特别懂得一个道理：人们不讲道德会导致经济活动中的"交易成本"较大（我曾在前文介绍所谓的交易成本，说到底就是人与人之间的"扯皮成本"或"防骗成本"）。因此，经济学家作为一个个人，也不可避免地想要"谈道德"。但我以为，他应该在业余时间做这件事，当作一件业余爱好做这件事，而不应当作是他的本职工作，就像他虽不是园艺学家但可能会种点花，虽不是文学家却读小说（还会评小说），虽不是演员却当票友一样。同理，既然是业余活动，最好也不要花太多的精力，变得不务正业，耽误了自己的本职工作，那就是冷静而现实地进行经济分析。

人们经常援引经济学鼻祖亚当·斯密的例子，说他写了《国富论》之后又写了一本《道德情操论》，强调了道德规范的意义和道德说教的作用，并由此推论经济学家应该讲道德。我这里想指出的是：当亚当·斯密写《道德情操论》的时候，他已经不是在作为经济学家进行经济分析，而是在作为一个个人或一名伦理学家在讨论问题了。第一，我们不能否认一名好的经济学家可能是一名好的伦理学家或哲学家，这在早期学科分工界限不清、各学科的研究本身还不那么深入、精确的思想发展阶段，在一个人可以是各种"家"的年代，特别可能是这样。但这反过来也就表明，在专业化分工高度发达的情况下，我们每个人最好先做好本职工作。第二，经济学不能包打天下，经济搞好了，不一定就能解决所有的社会问题，社会仍不会是一个理想的社会，而知识分子（特别是古典意义上的知识分子），又都是理想主义者，都以理想社会的追求为己任，我想正是在这种情况下，斯密对现存社会的不满足感，使他自觉不自觉地要超出经济学的范围再去探讨其他专业领域内（那时界限还不清）的事情。谁现在想做这样的事情，做一名"杂家"，也无可厚非。由此也表明，经济学充分尊重其他学科在共同追求理想世界过程中的作用，我们只不过因职业分工不同而不去做同样的事情罢了。第三，我猜想，斯密写了《国富论》之后，那时（18世纪中叶）一定也有人攻击他"不讲道德"，面对那时的"舆论压力"，他也非得再写点什么来表明他的清白，表明他虽然推荐一种能使鸡鸣狗盗之徒相互合作的经济制度，本人却并不与鸡鸣狗盗之徒同流合污。时至今日，我们倒不必因为别人不懂经济学、不懂职业分工、不懂学科界限而曲解经济学家作为个人的道德水准，就耽误工夫去"狗拿耗子"了。我们不妨就理直气壮地宣称：经济学家就是"不讲道德"。让人们去说话，走你自己的路。

　　　　　　　　　1998年2月18日，定稿于香港新世纪海景饭店

第十三讲

经济学不是道德说教

　　古典经济学着重研究了资本主义商品经济中追求利润最大化或（更一般地）追求货币收入最大化的行为特征。后来，经济学中的最大化行为的范围进一步拓宽了，在法国人边沁和英国人约翰·穆勒（John Stuart Mill）的影响下，边际效用学派完善了关于使用价值的量的规定的理论，将"效用"作为经济行为的一个目标函数确定了下来（穆勒的哲学功利主义和福利经济学中的效用主义，在英文中是一个词：utilitarianism）。这种以"最大幸福"或"最大效用"为目标的最大化行为，显然是从人与物的关系的角度分析经济行为并将其一般化的。也正因如此，它并不能表明处在不同的经济地位上的利益集团的特殊经济目标、行为方式及其在整个经济运行中的特殊作用。但是它使经济学得以明确，不仅是生产行为或"谋取收入"的行为，而且交换行为和消费行为，也具有"最大化"的性质。这个结论的一个重要的方法论意义就在于，它使得经济学所研究的各种经济行为，在"最大化"这一点上获得了统一：人们无论处在哪种经济地位上，具有怎样不同的经济利益目标，也无论面对何种经济问题，都力求在各种可能的选择中，选取能为自己带来最大利益的那一种，"最大化"构成了经济行为的一般特征。不过，这种理论的方法论意义，只是后来才逐步明确起来的。

　　冯·米塞斯在《经济学的认识论问题》（1933）中，把追求目标最大化、理性选择等作为"人类行为的基本逻辑"来对待，并认为这一逻辑并不是需要证明的经验假设，而是一个不证自明的理论前提，任何经济行为只有目标的差别，但在最大限度地追求目标这一点上，是普遍的、必然的、无可争议的。与此同时，罗宾斯在《论经济科学的性质和意义》(1932) 中，把目标与手段的关系和最大化行为的意义，强调到了极端——它们被用来定义经济学本身："经济学是将人类行为目的和可用于不同用途的解决手段之间的关系来研究的科学。"就是说，在他看来，经济学研究的不是人类在一个特殊领域即经济领域内的行为，而是研究人类行为的一个方面，即有关目的和手段的关系这个方面；而至于目的和手段本身的性质，则完全是"中性的"。与米塞斯不同的是，罗宾斯认为最大化行为假定并不是一种先于观察的真理，而是对普遍的经验事实的概括。尽管以上这些观点在经济学家中并不是没有争议的，比如兰格在他的《政治经济学》(1959) 中曾批评罗宾斯将经济学混同于"人类行为效果学"的倾向，但是最大化行为的确作为经济分析的一个基本的公理性前提被逐步确定了下来。萨缪尔森在他的《经济分析基础》(1947) 中，将最大化行为作为一个"一般的、统一的原则"应用于对各种经济问题的分析，并使各种经济问题的求解，在逻辑方法上获得统一，求条件极值的微分方法和线性规划等数学方法，从此在经济分析中获得了广泛的应用。在现代经济分析中，处处可以见到最大收益与最小成本的"对偶问题"；边际成本等于边际收益的"边际条件"，在解释经济行为和经济均衡中具有普遍的适用性。这些都是最大化行为的普遍性的表现形式。

关于最大化行为或理性行为①假定，并不是不存在争议的。但是无论人们持怎样不同的看法，以下的一些基本问题却是每一个经济学家都应该回答和必须回答的。

第一，人的经济行为，是否是一种有目的的活动？如果是，那么，在特定的社会经济制度、物质技术条件和知识信息条件下，处在一定经济地位上的个人或集团，以什么为其经济活动的特殊目标？是单一的目标，还是多元目标？各种目标的关系如何？这不是一个像传统的社会主义经济学那样教导人们应该以什么为目标的问题，而是一个说明人们实际上是以什么为目标的实证性问题，也是实证性地说明经济和经济运动的第一步。通常，"经济理性"与"利己心"是被自然地联系在一起的，但利己心与问题本身其实并不有必然的、逻辑的联系。一个人的活动完全可能以"公的利益"或"他人的利益"为目标，也可能同时既以公的利益也以个人的利益为目标，具有一个多元的目标函数。这里的关键问题仅在于实事求是地分析和老老实实地承认现实。如果人们的确以个人利益为目标，那就必须如实地承认。一种连个人追求、至少是部分地追求个人利益这样的基本事实也拒不承认，或者仅把它当做一种"错误"的经济学，是什么问题也说明不了的。在中文里，把追求个人利益的行为称为"理性"行为（"合乎理性"的行为）、似乎是承认"自私自利"的合理性，有碍于"共产主义理想"的传播。但是，理想是一回事，现实是另一回事，经济学首先是一门实证科学，而不是道德说教，它所研究的现实经济行为和经济规律的客观必然性，不取决

---

① "理性行为"严格地说比最大化行为定义更广，因为前者不仅包含最大化选择，还包含着在对各种选择进行比较时，不自相矛盾。

于人们主观上认为它好还是不好，合理还是不合理。不承认现实，是我们的理论不能说明实际问题，并经常制定出一些"胳膊拧大腿"式的经济政策的重要原因之一。

第二，给定了经济利益目标。人们是否尽可能地利用他们实际拥有的机会、条件和手段，力求最大限度地实现它们，人们是否进行"趋利避害"的算计，并在此基础上作出决策；人们经济行为的内在逻辑是什么？在这个问题上可能产生的概念混淆是最多的。有人认为人们往往不可能追求自身利益的最大化，他们能获得什么，是由整个经济关系、经济制度决定的。这看上去并不错的说法，实际上混淆了最大化行为和它的限制条件，混淆了"绝对最大"和最大化行为中所指的"最大限度"。若制度规定干多干少都挣一样的工资，一个人当然不能追求更多的工资收入（但他还能想方设法"少干"）。毕业生由国家指派工作，对他来说根本不存在选择的机会，他当然无法比校、选择。但这都是行为的条件、手段问题，而不是是否追求最大利益的问题，只要放松限制，人们就要选择，便说明人们内在地具有最大化趋势。有人争辩说，由于人们缺乏信息和"算计"的手段，即使存在追求最大化的现实可能，他们往往也做不到真正的最大化。但这显然又是把人们的知识和信息等主观条件与最大化行为方式相混淆了。不知道甲商店里的东西更便宜而买了乙商店的贵货，是因为他"不知道"，而不是因为他不想拣便宜；"大老粗"管企业不会用计算机进行成本收益分析，是因为他"不会"，而不是因为他不想赚更多的钱。又有人说，现头中许多人明知存在着某种机会、某种可能获得更大的利益，就是不去追求。但在这种事例中，存在着两种可能，第一，更大的获利机会可能伴随着更大的风险；第二，对公共事业有利的事情，对决策者个人未必更有利，或利益不大，不如少惹麻烦。因此这里实际是收益与成本的比较问题。

再一种说法是人们只是出于外部竞争的压力才不得已追求最大化。但是，一个企业不努力就要被挤垮，恰恰是由于其他企业都在追求自身的利益最大化；一个经济学家不努力就要落后，恰恰是由于别的人都在力争出类拔萃。在这里最大化行为要由最大化行为来解释，恰恰证明了最大化行为的公理性质。还有一种说法是，通常人们总是只追求"适度"目标，并不求其最大。但这实际是没有看到在某一项目标的"适度"背后还往往存在着另外一些目标，由于这些目标之间存在着"两难"的关系，导致了对其中任何一个目标来说，都只能适可而止。例如利润与稳定，今天的消费与明天的消费，工资与轻闲（与兴趣、与地位），效率与平等，产量与利润等。我们中国人的传统是"中庸之道"，似乎不求最大或最小，但这不过是说明我们习惯于为自己设置较为复杂的目标函数，或者更注意"回避风险"，所以"中庸之道"可以说是我们中国人独特的最大化行为。有人还会争辩说，天下人并不都那么有"理性"，稀里糊涂过日子的人，凭脑门一热"拍板"决定的人有的是。然而，一个人可以稀里糊涂过日子，经济学却不能稀里糊涂地作理论，一般规律不排除现实中的特例，更何况我们或许恰恰能够发现，"稀里糊涂过日子"，由于免除了事事算计的烦恼，从而对某人来说可获得更大的享受；而"脑门一热"作决定，往往正表现出那个决策者不必对公共财产的损失负责而形成的符合他个人的最大化原则的行为方式，等等。

再一种常见的观点是认为人们通常只是按习惯、传统行事。但是，习惯性行为与最大化并不相悖，因为人们不必事事"重新算计"，在经济条件、经济地位、选择机会未发生变化的情况下，人们自然可以把以前算计的结果当做常规、习惯确定下来，只是当新情况出现之后才发生再算计的需要；最大化行为的一般特征正在于发生在"边际上"，表现在变动之中。这也恰恰能够反过来说明为什么在一个落后的、停滞的、长期不出现新机会的经济中人们的行为方式正是以习惯，传统为特征的。最后，有人也许还会指出，经济决策往往出于某种政治的考虑（"算政治账不算经济账"），而不是最大化经济目标。但这实际上是又回到了行为目标多元性的问题上来。凡是涉及资源配量、生产活动、收入分配的行为，都是经济行为，但经济行为并不一定完全以经济利益为目标，政治利益等都可成为经济行为的目的，这就需要我们对目标函数进行进一步的分析研究，不能仅从经济利益出发来说明问题。

一个经济学家可以不同意经济行为的逻辑具有最大化的性质，但他必须对行为逻辑究竟是什么这个问题给出另一种解答，另一种可以替代的假定，而不能回避这个问题。这是因为这个问题在经济分析中具有决定性的意义：

第一，经济关系是行动着的各经济行为主体之间结成的关系；经济利益矛盾是各种行为主体之间行为的相互冲突；经济的运行机制是人们的各种行为的社会组合方式；经济规律则是社会经济行为的目标、方式与结果之间的必然联系。因此，不说明经济行为的目标和方式，就什么经济关系、经济现象也不能说明。我们传统的经济理论的一个重大缺陷，就是在于不能从各种、各级经济行为主体的利益目标和必然行为方式出发，说明各种经济问题，理论结论很多缺乏行为基础，从而也缺乏内在的必然性。

第二，经济学是以人的社会经济活动为研究对象的；经济行为的必然性，决定着经济运动的规律性；经济行为的逻辑，也就决定着经济理论的逻辑和经济分析的"推理方向"。在理论上，知道了所有制关系、经济体制、物质技术条件等，并不必然能够推断出经济运行的结果；在前提和结果之间，一个必要的中间环节，正是各经济行为主体的行为逻辑。正是这逻辑，决定了在给定的制度、物质条件下人们会采取什么样的行动、变动的方向和程度如何、数量大小等，理论分析只有掌握了这种逻辑，才能得出确定的结论——不仅是质量方面的结论，也是数量方面的结论。我们以往的经济分析之所以常常不能得出确定的理论结论，是与缺乏明确的推理方向相联系的。

随着市场经济的形成和各种机会的增多，经济行为的最大化性质将日益显著。世人的经济行为日益"理性化"了，经济学若还停滞在"非理性"的状态，它还能说明什么呢？

第十四讲

"新经济"批判

——关于新技术、新产业与
中国企业竞争力的思考

如何看待新经济这一问题确实是个大问题，它关系到怎么看待中国经济，怎么看待中国经济的发展机遇，怎么看待一个落后的经济、一个落后的国家如何发挥"后发优势"，逐步追上去，关系到是不是走弯路？关系到要"烧"多少钱？今天借此机会系统地把过去几年批判新经济的基本内容整理一遍。[①]

没有"新经济"

首先要说明的就是：没有什么新经济。技术革命给我们带来了新技术、新产品、新产业，但没有什么新经济，过去一切论证出现了不按已知的经济规律运行的所谓"新经济"的论据都站不住脚。

新技术不等于新经济

有人说新技术就是新经济。但新技术很多，天天都在发生新技术，人类整个经济发展的历史，就是一部新技术发展的历史，每天

---

① 本文的主要内容从 1999 年开始散见于若干篇文章，2001 年在北京大学演讲时综合到一起，2004 年正式发表在樊纲著《驾驭脆弱的世界》演讲集中，郑州大学，2004 年版。

都有新技术出现，而且已经发生了多次的重大技术革命。技术革命是经济发展的一个组成部分，但它不否定经济规律，它只是在原先经济格局上产生新的东西，纳入经济的体系，使经济得到更快的发展，人类的效率得以提高。可以说这次的 IT 革命是一个重大技术革命，但比起人类历史上很多重大革命，它的革命性也不见得高到哪里去。不说别的技术方面，就说信息技术革命，与过去历次的信息技术革命相比，这一次的信息技术革命的"革命性"其实是较小的。第一次，是仓颉造字，造字的信息技术革命最深刻，使信息传递从口头传递变成文字记录，知识真正开始较为准确地积累。第二次，是造纸术的发明，使信息的传递和记录得以用比较廉价比较容易的方式展开，使更多的人得以获得信息。第三次，电报电话，从此信息的传递不必通过人与人之间直接见面、直接接触，可以在瞬时间远过重洋。而今天的这次信息技术革命不过是电报电话革命的延伸。因此这次革命也没有什么特殊的地方。

经济规律没有也不会因新技术的出现而改变

新经济这个概念并不是经济学家提出来的，而是由新闻记者提出来的。新经济最初是指什么呢？是指美国经济进入了一种状态，即高增长低通胀的状态，有人因此说这否定了过去传统的"菲利普斯曲线"，即高增长、高膨胀，低增长、低膨胀的相关关系，而这次是高就业、低膨胀，所以说出现了一种新的经济状态。不管这种状态如何解释（对于这个状态有很多解释，除了 IT 技术的解释以外还包括全球化，生产资源的重新配置，全世界的通货紧缩，有很多因素都构成了这一现象的发生），即使说有这样的状态，它也不是什么新东西，历史上这种情况也发生过。而且如果说否定了菲利普斯曲线那就叫新经济的话，那么美国 20 世纪 80 年代出现的"滞胀"也是新经济了？那时是低增长高膨胀，也不符合菲利普斯曲线。这些都是经济领域中的一些特殊状况，是在特定情况下由一般经济规律所支配的、各种因素组合到一起发生的一些特殊状态，并不能说明出现了一种新的经济规律。

而且对于这些现象确实需要各方面因素的解释。这次新技术的产生，特别是新技术泡沫形成的时期，与历史上其他泡沫形成有些不太一样，因为它还和其他的事情结合了起来。历史上泡沫的形成时期都是高增长就高膨胀了，但这次技术革命所引起的泡沫却和全球化、全球的市场化，全球化的通货紧缩、全球的需求增长速度相对放慢等因素搅在一起，同时发生。现在正在发生的不仅仅是技术革命，还有全球化，还有全球市场化这些重要的经济事件。什么叫全球市场化？就是全球各角落都搞市场化改革，都在压缩成本、提高效率，扩大生产。国际市场现在的经常性状态、长期趋势回到了20 世纪 30 年代以前甚至 19 世纪的生产能力周期性过剩的状况。它不能只用技术革命这一个因素来加以说明，否则就要在判断上发生错误。

股市上的一些现象并不新鲜

当时人们说出现新经济，最重要的理由是企业在没有赢利的状况下股市就可以飙升，不需要有赢利，不需要有分红，只要有"眼球"、有"关注"，股票就有人买，股价就上升，于是当时有人说新经济的股价变动规律改写了资本市场的运作方式。

这就回到了怎么认识资本，怎么认识资本的价值，怎么认识资本市场的问题。资本的价值，其定义就是未来赢利的折现值，资本的价值从来是在讲一个未来的故事。人们相信它未来能够赢利，资本的价值就能够提高。资本市场上还没有赢利的企业的股票当然也可能有人买，只要大家相信它未来可以赚钱。有人说纳斯达克都是还没有赚钱的企业上市了，改变了过去一般的资本市场上资本必须赢利才能上市、股价才能上升这样的基本规律。这其实是不同时期不同的技术发展阶段的特殊现象。一般股市上要求企业报过去三年赢利，不过也是为了给企业一个未来能否赢利的参考，也是要证明一个未来的故事。而现在新技术刚刚出现时，人们都不知道未来怎么赢利，只要你讲一个未来能够赢利的故事，大家能相信，也会有人出钱买你的股票，这和你说"我在过去几年赢利"所起的作用是一样的，因为你过去赢利了，今后是否赢利仍然是不确定的，就像你说现在没赢利今后会赢利有不确定性是一样的。股市的价值就是建立在一个未来的故事上。从这一意义上讲，一点也没有改变股市的运行规律。

而且，最重要的是，股市历来重复发生的一个现象就是历次新技术的出现都会让股市经历这么一个泡沫的阶段，就是都没赢利、商业模式都还不知道的时候，股市就可以开始飙升。比如历史上出现的铁路泡沫、航空泡沫、汽车泡沫、塑料泡沫，等等。当时大家根本没有看到铁轨、飞机，就开始相信铁路、航空能够赢利，而实

158

际情况远非如此。但这正是资本市场调动资源充分利用、迅速利用新技术的机制的特点，也正是股票市场的魅力所在，没有新经济泡沫，股票市场就不叫股票市场了。资本市场就是这样用高回报高风险来迅速将资本、人员、新的想法等调动到市场上，大家来"试错"。而且关键词是"试错"，就是来试什么是不行的，然后进行优胜劣汰，这就叫市场经济。市场经济不是大家都有先知先觉，想好了之后四平八稳地来做，市场机制就是需要有这样的泡沫，需要用这种方式配置资源，使新东西迅速得到利用。这一点都不改变资本市场的规律，也没有改变经济规律，市场历来如此，从来如此。对此大惊小怪，说这是新现象，不说是对理论无知，至少可以说是对历史无知，是对历史"健忘"。

反过来，当时说股市上有泡沫是为了防止过多资源的浪费，但是并不否定新技术泡沫的功能，这正是股市和新技术的魅力所在。人们在对未来情况还不知道的情况下讲各种故事，进行各种猜想，进行各种创造和实验，优胜劣汰，最后剩下好的，这就是竞争的发展方式。要淘汰多少，有人说在90%以上，是有道理的，可能要在97%以上。当时某个媒体的主编不同意这种看法，反驳时的论据是说美国风险基金的成功率是34%，而不是10%，所以不会有90%以上被淘汰（意思是大家干吧、投资吧，烧钱吧，没事！）。那么我们就问问这个34%是什么概念。首先，它是指美国2000年以前风险投资基金成功的概率。但风险投资成功与否取决于所投的公司是否上市，只要上了市，钱兑现了、收回了，风险投资这个项目就做成了，但这并不是说它所投的那个网络的经营最终是成功了。对于投资者来说只要资金收回就是成功。所以这个 34% 的数字可能是对的，但并不等于未来网络公司能够生存下去，能够最终成功。在中国这个数字可能会更低，因为在中国网络公司不能在国内上市，二板市场还没开，在这种风险投资还没有什么出口的情况下用美国的一个数字来证明中国的事情，可以叫驴唇不对马嘴。但这里最基本的一点还是风险投资成功并不等于网络公司成功。第二点是，这个 34% 的数字是 2000 年以前的数字，是上升期的成功率，这个数字当然高了。我们要看泡沫从鼓起到落下整个全过程，而 34% 正是泡沫鼓起的时期的情况，并不代表全过程，所以不能用 34% 来说事。你在泡沫快崩的时期才开始搞，你的失败的概率肯定比 97% 还要高。第三点，那个 34% 是美国的成功率，美国新技术起步早，已经有十年的开发周期，美国领先于全世界，我们要看全世界的成功概率是多少。我们作为后来者，我们的成功概率能够有多高呢？所以我们千万不要被一些既得利益者拿一个数字唬住。

经济周期不可能因为新技术的出现就消失

当时所谓新经济最热闹的时候，经济学界最重视的一个对新经济的论证，大家认为确实有点挑战意味的论证，是当时一个著名的 IT 公司的经济学家提出的一个观点，他说宏观经济学研究经济周期、经济危机的一个较为核心的概念，是"库存"的概念，库存多了说明生产过剩，人们就会压缩投资，需求就会下降，就会导致恶性循环，导致经济衰退；库存少了，少到一定程度，人们就开始投资，需求就会上涨，经济就会复苏。所以库存多少是一个很重要的指标。

然后他就论证, "现在有新的信息技术, 我们可以随时、即时地控制存货, 只要我们把存货控制在最小的范围内, 不让它发生变化, 我们就根本消除了经济周期的根源", 这个论证的确有点挑战性。当时经济界在这一点也有反驳, 但不是特别理直气壮, 是想看看网络是不是能使库存不发生波动, 从而缩小经济波动的幅度, 大家拭目以待看看将来情况怎样变化。但很有讽刺意味的是, 正是那家 IT 公司, 最后创造了人类历史上最大的存货。

根本的问题在于, 信息技术并没有根本上消除经济周期原因, 也没有从根本上解决人类信息不完全和预期错误的问题。经济学论证经济周期的原因, 不是信息的不完全, 经济周期的原因说到底是因为人们的贪婪, 是因为预期的不正确, 不是因为过去信息的不完全。为什么贪婪呢? 这是马克思解释经济周期的原理。发了财还想发财, 有了利润还想有利润, 然后就投资呀, 扩展呀, 就压缩成本, 扩大供给, 于是就有了供求之间的不平衡。同时, 人类也会有预期错误, 今天市场好, 就假定明天市场也好, 最终也是投资过度, 转而发生投资不足, 需求不足, 这就是凯恩斯主义对经济周期的主要解释, 即他们说的 "动物精神", 对未来的预期发生错误, 悲观时过分悲观、乐观时过分乐观。还有可以加进一个因素, 信息不完全, 不是因为信息技术不完全, 而是有人故意隐瞒信息, 故意制造虚假信息。这也和贪婪相关。信息技术为已有信息的整理传递分析等提供了新的工具, 使其更有效率, 但它没有解决信息不对称的问题, 没有解决有人要故意骗人的问题。这就涉及了比尔·盖茨曾经说过的一句话, 他说将来的世界是无摩擦的世界。就是说信息可以完全的传递，没有信息传递的成本了。但是他不懂的一个问题是：世界上最大的问题不是现有信息的传递和整理问题，而是总有人会故意隐瞒信息、制造虚假信息的问题。比如美国市场上出现的安然事件，就是隐瞒信息的问题。可见信息技术改变不了经济规律，因为它不能改变人的贪婪的本性。

所以我们发现，论证新经济的论据其实没有一个是站得住脚的。因此新经济泡沫、互联网泡沫还是不可避免地发生了。经济规律仍然是经济规律，企业不赚钱迟早要关门仍是颠扑不破的道理。经济学是建立在人的行为模式上的科学，它不取决于技术本身。经济学是一种社会科学，是关于人的行为的科学。信息是否完全、信息成本是高是低，仅是经济中的一个因素，它不决定人们的行为方式。人们在新的技术下确实提出了新问题，进行新的博弈，但是博弈的基本规律没变。当时韩国的大选，人们说这次大选是因特网的胜利，当时大选前几个星期反对党把执政党候选人的一些丑闻都放到网上，结果大家投票，这些候选人落选了。人们大呼这是因特网胜利，当时我们第一个反应就是，他们要是放虚假信息怎么办？中国人八分钱一张邮票写一封匿名信恶心你几个月，网上发布一条假消息，还没来得及辟谣，大选结束了，这种危险怎么防范？所以因特网也可以是新的骗人的工具，潜伏着新的隐患。新技术是人们利用的工具，是人们行为的工具，但是人的本性、人的基本行为逻辑是经济学经济规律的基础，我们不能轻言改变经济规律。拿过去几年新技术泡沫发生时期的一些特殊现象来否定基于人们行为方式的经济规律，是浅薄无知，也是泡沫时期头脑发热、忘乎所以的一种表现。所以我说可以有一个新的反映泡沫程度的指数：一旦股市上有人狂妄地声称要否定基本经济规律，拿经济学"开涮"，那一定是泡沫快崩了。

新产业与传统产业的关系

新经济一词在不同意义上使用，后来人们将新经济理解为新产业，即是一种新兴产业。新兴产业当然有。而这就涉及新产业与传统产业的关系问题，也是一个事关发展战略的大问题。这个问题不能简单讲全球的情况，不能用美国的情况来做论据，而是不同的国家可能就有不同的情况。我国和美国有很大的差距，美国是人均 GDP 34000 美元的发达的技术领先国家，而我们是人均 900 美元的落后的国家，刚刚开始发展十年二十年的一个国家，我们怎么在这种状态下看待新经济和传统产业的关系。要从以下两个方面加以分析：

新技术产业发展在落后国家中的制约条件

在落后的发展中国家里发展新技术产业，受到各种限制，受到各种制约。

首先的一个原因恰恰在于我们的传统经济还不发达，是传统产业不发达的这种情况制约了我们新兴产业的发展。美国传统产业已经发展到很高的程度了，而且传统产业发展基础上形成的经济体制也已经较为发达，它为新产业的发展提供了一定的外部条件。相比之下，我们发展新经济的困难是我们传统经济不发达，经济体制不发达，我们没有传统产业的基础，没有在传统产业基础上发展起来的各种技术和工艺。

其次，有一个收入水平低、技术成本高的问题，利用新技术的成本相对较大。我们不说我们打一个电话手机费用的 27% 要给爱立信，安装一台电脑要给微软六十多美元，有说人家是技术发明者，大家用技术他收钱，而我们是技术使用者，没有专利权，用新技术就要花钱买（总是有人忘记这个成本问题而谈论高新技术）。我们先抛开这些，我们花同样的钱打一个电话，同样买一个手机，同样买一台电脑，同样上一下网，我们在这些东西上投入的费用与我们的人均收入的相对比例，比发达国家要高很多。

再次，从基础设施的条件来看，我们这些年发展很快，但是很多地区的基本条件还是不具备。从付费手段问题上来看，信用卡、银行支付体系、银行金融服务、物流服务的落后都制约了新经济的发展。美国平均每个人拥有 5~7 张信用卡，可是我们很多人 1 张卡都没有。发达国家老的商业很发达，不仅有商店，还有快递网络，目录销售、邮购销售，所以他们很容易采用电子商务这样的销售方式。而中国老百姓去商场购物刚刚成为一种乐趣，商店里刚刚开始货品琳琅满目，不再短缺，现在你告诉他不去商店了，而去网上购物，你是在剥夺他们刚刚开始享受到的乐趣。经济还不发达，收入还不高，还没有汽车，长周末没有地方去，上街购物也算是一种消遣，夏天逛商店现在还有空调，有几个人愿意在家里上网购物？所以不要对中国的网上购物报太高的期望。中国这么多人，一定有人会上网购物，但问题在于有多少人，才能使网络公司生存，只有到了有几百万人在网上购物的时候，才能说有了一个"Business"，这不是一个科学实验，而是谈论一个商业模式在我们这里有没有可持续性的问题。另外还有信用问题。到商店购物，一个东西亲眼看到它我都不相信它是真货，你怎么让我在网上相信它是真的？

所以，我认为我们应该放弃一些不切实际的幻想，回到最基本的东西上来。亚洲金融危机就是一个例子，在危机之前，人们总让亚洲落后的国家效法美国发达国家的做法，搞什么金融开放、衍生工具，就可以一切都好了，但忘记了最基本的东西还没有发展。新东西确实吸引人，但是我们真正缺乏的是基本的东西，正是这些基本东西的缺乏制约了我们新产业的发展。

在相当长的时间内传统产业是我们竞争力的主要源泉

非常重要的一点，是要认识到对于中国这样的国家来讲，传统产业在相当长时间内仍是我们竞争力的主要源泉，是我们发展的主要源泉。传统产业仍是增长的主体。

其一，从竞争力和经济结构来讲。对美国来说，新经济是朝阳产业，传统产业是夕阳产业，这是真的，他很多东西要向外转移，很多传统产业正在丧失竞争力。但是对美国来说的夕阳产业，正在逐渐丧失竞争力的产业，也许恰恰是我们在这个发展阶段上有竞争力的产业，正是我们要接过来的产业。美国人必须调整产业结构，需要向金融服务、技术服务、技术创新等高附加产业转移。但是如果我们的竞争结构也仿效美国，我们可能就恰恰丧失竞争力了。有竞争力的产业结构对于不同的国家、不同的发展阶段是不同。我们现在恰恰不能模仿美国的产业结构。我们要考虑我们的竞争力的发展特点。我们要发挥的优势方面是：劳动力成本低；我们的本地市场较大；我们有后发优势。利用这些相对优势我们能发展什么是我们目前的特殊情况和特殊发展阶段决定的。我们可以跟进一些新技术，但是总的来说，目前这不是我们的竞争优势，我们目前的条件还不成熟，而且一些核心技术也没有掌握在我们的手里。我们的出口多数是传统产业的出口，因为这些我们有竞争力。总之，在目前和今后相当长的一段时间内，传统产业是我们现实竞争力的基础，是我们进一步发展的基础。

其二，对于美国来讲属于旧经济、旧产业的东西，对我们来讲多数还是新经济、新产业。比如说房地产，最古老的行业，但对我们来说还是市场经济的一个新兴产业，1992年以来刚刚开始发展起来，第一批换房还没有换完，我们是第一代贷款买房成为房产主的人，而美国已经很多代了。美国每年 GDP 的增长中有 30% 是房地产，而我们住房贷款制度刚刚建立、二级市场像北京等很多地方还没有开放，国家分给我们的房子的产权至今也没有拿到手，还不能卖。汽车对美国是古老的产业，一百多年了，而中国刚刚开始，加入 WTO 还被允许作为"幼稚工业"而可以有六年（最长）的过渡时期。还有像旅游、服务业、城市基础设施投资等方面，都是刚刚起步。大规模城市化还没有开始，基础设施建设这个古老的行业还大有可为。所以什么是新什么是旧，不同的发展阶段是不一样的。美国的定义直接套到我们这里，不仅不对，而且会出问题。

其三，中国经济今后几十年市场扩大的主要部分，居民支出消费需求的主要部分仍是传统产业产品，而不是现在所说的 IT 产业的产品。中国百姓的物质享受是中国未来的投资重点，仍是中国市场扩张的主体，是经济增长的主体。可以算一些简单的账。我们的人均收入现在是 900 美元，美国是 34000 美元。我们人均买手机、买电脑、上网花费加起来 2000 美元应该是够了，与美国相比还差 30000 美元，今后我们要逐步增加到 34000 美元，与美国现在的水平相同（当然那时美国的人均收入更高了），在这期间老百姓用这 30000 美元买什么呢？当然就是住房、汽车、旅游、服务、家电，城市化，等等，这才是未来发展的主体。中国老百姓依然要有一些物质的享受，要补上我们还没有的东西。《纽约时报》曾经登过一个著名的照片，一个中国人骑在自行车上打大哥大，说这是中国 IT 的飞跃。但是，中国人显然还想把自行车换成汽车吧！外国人说骑自行车打手机是最好的组合，自行车不污染，这是你们富人有汽车之后的说法。中国人有了自行车还想有汽车，有了汽车再骑自行车叫返璞归真，不是因为穷的买不起。美国人为什么前几年兴奋点都在新经济上，因为新经济确实救了美国，使它有了新一轮的大增长，在这之前美国已经没有新需求了，而新经济的出现使人们有了新需求，而且是全世界对美国的 IT 设备、新技术的需求。美国人到中国来把这些也带给了中国，中国开始跟着头脑发热。我们当然也要发展新兴产业，但是不能因此就把传统产业也像美国人那样当成夕阳产业而抛弃。

而且，同样重要的是，如果搞得好，我们中国成为全世界的制造业中心，为全世界生产，使得全世界对制造业产品的需求都成为对我们的需求，我们今后几十年的高增长才有了保证。现在不积极发展传统的制造业，别的发展中国家就会把我们的市场抢走，那些需求就不再是对我们的需求，我们的增长就会成问题。

其四，作为落后国家，发展传统产业，我们有我们特殊的优势，重要的一项就是所谓的"后发优势"。后发优势是指作为后来者，可以减少发展成本，减少研发成本，减少风险成本，特别是风险成本。传统产业为什么对我们来讲好发展？很多传统产业我们在成本上比较低，再有一点，在已有的技术的基础上我们有自己的发明创造，一下子就可能挤走国际老牌企业，因为老牌企业已经给你蹚了发展的路数，技术已经成型，商业模式已经探索出来了。市场开发方法已经知道，客户在什么地方已经知道，相对来说就容易得多。中国很多企业已经逐步走上这条路。很多企业资本并不雄厚，也没有什么特别核心的技术，但是就是一个成本低，就很快占领了一大块市场。别人已经给你付了学费，你先模仿，就节省了大量的研发成本和风险成本，然后用低成本把这个产业接过来。重要的一项是学习成本。发达国家走了很多弯路，这些弯路我们可以不去走。我们的后发优势就是在合法的情况下去模仿。这里当然不鼓励假冒伪劣，但是开始假冒伪劣起码说明你开始动脑筋了，开始模仿了，就开始有希望了，但是不能危及人的生命，全世界都是这样来做的。搞传统产业可以降低学习成本和风险成本，而新兴产业还没有摸索出商业模式，要烧很多钱去试，那就是风险成本，我们资本不雄厚，所以要尽可能地让他们先去烧钱，我们注意观察和学习，以降低我们的成本，可能比较合算。有人说我们在新技术方面和美国差得不多，所以我们要去和他直接拼，打出自己的品牌，但是你的条件是否成熟，承受风险的能力有多大？而传统产业尽管与人家相差几百年，但是这是一种成熟稳定的商业模式，风险小，容易操作。我们不要跟发达国家一起在风险期、初创期去"试错"。对于我们来说，最好的办法是慢半拍的方法，让他们来投钱，来试错。

168

总之，传统产业在中国还大有可为，绝大多数的机遇还在传统产业。问题不是在于它是传统产业，而是在于在传统产业中有太多的传统体制，制约相关传统产业的发展，而新经济没有制约，干起来似乎容易一些，但只要坚持体制改革，回过头来看，我们目前的竞争力主要还在传统产业。现实的竞争力充分发挥了，能增长，能赚钱，在此基础上我毫不怀疑我们的新兴产业也会有大的发展。

真正的问题在于如何在新技术条件下发展传统产业

当然，现在谈论发展传统产业，并不是说50年、100年以前的传统产业，传统产业也有一个如何利用新技术的问题。但问题在于新技术的意义在什么地方，如何利用新技术？

否定新经济不等于否定新技术。经济学里面技术进步永远是最重要的经济增长因素。但第一，我们需要认识这次新技术的特点。信息技术对人类的最基本功能是它降低信息成本，是通过改变信息传递、搜集、整理的方式降低信息成本。信息成本是我们经济生活中非常重要的一项成本，无论是企业还是个人，搜集价格货比三家，企业做市场调研等等，就都是为了降低信息成本。信息技术的功能就是为了减少、节省人们的信息成本。信息产业的收益就在于那个信息成本降低的空间。信息技术并没有为人们提供很多新的直接的消费对象，新的享受对象，而主要是降低了成本。比如我在网上看到的信息在其他地方都能够找到，只是在网上更方便、便宜、随时随地。这与基因技术不同，基因技术主要是提供新的享受，能够延长寿命。我们要正确认识到信息技术是降低成本的工具，不是我们追求的目的本身。明确了这一点，就可以明确各行各业应该如何利用信息技术来从中获利。中国基本的发展战略就是大力发展传统产业，同时在降低成本的前提下利用新技术。传统产业应该要利用网络技术来降低信息成本，能不能降低成本是标准。前几年人们动不动就建网站，转产搞信息产业，而不是为了自己的产业发展而利用网络技术，以降低自己的信息成本，提高效率。这就是为什么对于许多企业信息产业成了陷阱，而没有成为新的增长动力。

对于信息产业内部的业者来说，认清这一点也是非常重要的。我前几年就对他们说，你们需要的是更多的用户而不是更多的竞争者，所以你们应该推动更多的传统产业上网，增加你们的用户，而不是鼓吹大家都转产来搞信息产业。由于过去几年的盲目竞争，中国的 IT 产业现在面临着重组、面临着调整，这种调整可能会较慢，整合可能较难，但无论如何整合还是要进行下去的。

就网络业而言，我的估计是，过去十来年大量风险投资已经投下去了，大量的基础设施还是在那里，这些导致大部分的信息仍然会是免费信息，这些信息成为人类发展的一个新的平台，我们这个世界开始在这个由过去这些年 IT 风险投资建立起来的新的平台上往前走，这个平台上将来可能剩不下来几个门户网站，许多网站不能赢利从而要被别人整合掉，但总的来说人类还是合算的，这次搭起的平台以后将永久性地为我们提供便利，从而使人类总的经济效率更高，总的收入还是足以弥补过去"烧掉"的那些钱，还是值得的，只不过事情的性质是过去几年的 IT 泡沫，不自觉中为全人类提供了一个"公共物品"，供大家享用，少数几家门户网站可以在此基础上赚钱，而世界上大多数人则享受这个公共物品所带来的免费的服务。这是这次信息技术革命带给我们的巨大好处的一个重要的组成部分。

"扩充产业结构"

这几年讨论"新经济"、新兴产业问题，对许多人来说暗含的一个价值判断就是新的是好的，是属于我们的发展方向，而旧的是不好的，是要被淘汰的。相应地，所谓"调整产业结构"，就有了一个流行的概念，叫作"提升产业结构"，意思是说与发达国家相比，我们（全国或一个地区）的产业结构中，"旧的"、传统的太多，"低级"（低端、附加值低）的产业太多，应该大力发展高新科技产业，逐步增加新的、"高级"产业，淘汰旧的"低级"产业，把我们的产业结构向高端提升。这也是我们在这里必须澄清的一个问题，也是别瞎赶时髦，人云亦云，把我们自己的特殊问题与发达国家的问题搞混了。

对于一些发达国家来说，这种提法也许是对的；对于我们的某一个地区来说，这也许也是对的；对于个别企业，也许是同样是对的。但对于我们中国这个整体来说，在今后几十年的时间内，这种提法却是不对的！

这是因为，毫无疑问我们要积极发展高新技术产业，提高经济当中的技术含量，既使我们有了新的较为高级的产业，我们也仍然不能丢掉那些劳动密集型、技术含量低但仍有竞争力的所谓"低级产业"！为什么？因为我们还有几亿农民要就业，要转产，要进城

(至少还有3亿劳动力!)！一些企业"升级"了，一些地区也许总体来说也"升级"了，但那些所谓"低级"的东西仍要由别的企业、也许是新的企业接过来、做下去，也许到别的地区去做，但是我们中国却千万不能把它们丢掉！因为那些就业机会丢不得，不能让它们流失到国外去，否则我们这个几亿农民转产、进城的问题就会没了着落，我们的贫富差距，社会矛盾问题就无法最终解决！一个企业可以不管这个就业问题，有利润可赚是最主要的；一个地区、一个城市也可以不管这个"中国农民"就业的问题，只要本地区的就业满足了就行。但是作为中国这个整体，作为中央政府，不能不管这个几亿人就业的问题，因为这早晚都是我们大家的问题。从这个意义上说，一个地区可以谈论"结构升级"，中央政府却不能谈论结构升级，作为中国人，我们千万不能忘记这个几亿人就业的问题，我们不妨称它为"世纪大就业"的问题。

正确的提法不应是"提升产业结构"，而应该是"扩充产业结构"，其含义就在于我们要发展我们现在还缺少、还薄弱的新产业，但并不丢掉、放弃已有的老产业。中国人太多了，有一部分人去搞了高精尖的新产业，仍可以有许多其他的人继续搞老产业；一部分人升级了，其他的人还要源源不断地补上来。许多农民转产后的第一步可能还搞不了新产业，当不了电脑工程师，而搞那些所谓的低级产业，却正可以发挥他们的竞争优势！

"扩充产业结构"，就意味着我们中国在今后几十年中可以有也应该有十分宽广的"产业谱"，有一个很长的"产业链"。我们既可以有越来越多的人搞科技开发，搞高新科技产业，也仍然可以有大批的人在（为全世界）生产鞋、袜。而且我们非得如此，必须如此！

172

不如此便不能解决我们前面所讲的"世纪大就业"问题！全世界的制造业都被吸引到中国来做，可能还不够解决这个"世纪大就业"的问题，我们还能人为地"提升"产业结构而丢掉一些产业不去做吗？

扩充产业结构，除了有"向高端拉长产业谱"的意思之外，还有"充实""补充"产业链的含义。即使在一般制造业的领域，我们也还有许多领域没有占领市场，一些"整机"我们还无法制造，许多"零部件"的制造也还是空白。在这些领域里，我们的企业也可以一步步地发展，一个部件一个部件地攻克，一个市场一个市场地占领，把产业谱"充实"起来，这本身就可以创造出一大批就业。

当前扩充产业结构的一个重要机遇是：中国加入 WTO 和新一轮外资的增长，为我们的企业提供了大量进入世界生产网络和采购网络的机会，在我们自己还无法做"整机"的领域内，我们可以立刻尽可能地为跨国公司进行部件的配套生产，一个一个逐步地扩大我们的生产领域和市场范围，一步一步地提高我们的技术水平，创造更多的就业。

对于整个中国来说，我们必须扩充产业结构而不是"提升"产业结构，以"保住"和创造出大量的就业机会，即使对于个别城市和地区来说，在相当长的一个时期里也不能轻易多谈"提升"产业结构。首先，对于我们绝大多数的地区和城市（包括一些沿海地区的发达城市）来说，今后相当一个时期的经济增长、收入增长，包括财政收入增长，还都必须依靠大量"低端产业"的发展，即使在一些地区新兴产业的增长速度可能快一些，但由于它们基数较小，在整个地区的增长中起的作用还是有限的。第二，大量劳动密集型产业的发展，大量新鲜劳动力和人口的进入，对于我们多数地区和城市来说，正是扩大城市规模，发展第三产业、由中小城市向大城市过渡的重要条件。没有一定程度的人口聚集，许多服务业，以至城市文化生活都是难以发展起来的。任何一个发达国家，在它们早期完成的工业化、城市化过程，都是大量制造业、包括大量劳动密集型产业大大发展、扩张的过程。

总之，扩充产业结构，就是要不断地扩大经济规模和就业规模。为了解决我们的"世纪大就业"问题，我们必须要有一个正确的经济战略思想，必须确保一个就业机会都不丢失。

2001 年 9 月于北京大学

第十五讲

中华文化与经济发展

马克斯·韦伯（Max Weber）曾认为中华（中国）传统文化中存在着阻碍经济发展的内容，缺乏基督教新教伦理中的一些有利于现代经济发展的因素，缺乏现代资本主义得以发展起来的"资本主义精神"。到 20 世纪 20 年代，西方学者以及大批东方学者大多接受了对以儒家文化为代表的中国传统文化极端否定的观点，并认为东方只有皈依基督教才能有所发展。这种情形一直持续到 60 年代，那时费正清等人也还认为中国及其他东南亚受中华文化影响较大的国家都有一种保守的"惯性"妨碍着它们进入国际社会，认为儒家思想与现代化水火不容。

随着日本和亚洲新兴工业国（地区）经济的高速增长，人们的观点也开始发生变化，许多人开始认为中国的传统文化，不仅包含着"现代化潜力"，而且儒家传统，是东亚工业地区成功的一个重要因素。一些人提出了"儒家动力说"；H·卡恩（Kahn）更提出了"新儒教国家"（Neo-Confucian Cointries）的概念，把经济高速增长的东亚地区称为"亚洲伦理工业区"，认为由于"儒教"比西方社会更着重强调人与人的相互依赖，因此，儒家文化在今天比西方文化更适合现代化的需要。许多华人学者，更是出于反对唯西方化、弘扬民族文化的动机，认为在中国文化中从来存在着一切有利经济发展的要素，可以成为当今经济发展的动力源泉。

"东亚模式"的出现和历史上出现的关于中华文化的不同观点，

的确引人深思。笔者自己以前在驳斥那种把中国的落后不归结为现存体制的弊病而是归结为"传统文化"落后的理论的时候，曾一再发表这样的观点：为什么全世界在"海外"的华人都能"发财"，偏偏我们这些同宗同祖"同文化"的中国人，留在"本土"上就总是受穷？但是，静下来仔细想一想，"在海外"这件事或许本身就意味着什么。总之，我们应该用一种更客观、更少感情色彩、更科学、更全面的方法，来审视中华文化传统的特征及其在现代化过程中所能起的各方面作用，既包括积极的作用，也包括消极的作用，从而更好地认识我们应该怎样一方面发扬中华文化中优秀的传统，另一方面克服其消极的因素，更好地适应现代化的需要，加速经济的发展。

本文试图围绕制度规范化、理性化问题，就中华传统文化与华人经济制度演化和经济发展的关系问题，谈一些粗浅的看法。

制度建设的文化差异

从现代经济学的观点来看，制度的一般定义是制约人们行为、调节人与人之间利益矛盾的一些社会承认的规则。根据这些规则存在的形式，制度可以分为正式的制度与非正式的制度。正式的制度指的主要是一些成文的并由某种社会权力机构保证加以实施（强制地实施）的规则，比如成文的法律、政府法令、公司规章、商业合同等；而习俗、传统、道德伦理、意识形态等可以统称为"文化"的一些东西，也是制度的一个组成部分，即所谓"非正式"的制度，因为这些文化因素，同样是制约人际关系、决定人们经济行为的一种规则或约束。在一定的意义上，非正式的制度可以理解为人们面对的"心理约束"，而正式的制度在许多场合是一些（一部分）心理约束的"外化形式"，是被社会化、强制化了的行为约束。

所谓"理性化制度"，可以理解为这样一些正式的制度安排，它们是经过经济中的各利益集团的反复谈判、争议、斗争而形成的一些成文的行为约束；它们体现在一定的法律程序之中，在任何情况下都能在某种社会权力机构的保证下得到执行或强制地执行，不因具体情况的差别有所变化，除非经过同样合法的程序、通过新一轮的谈判或争议加以修正或改变。在此，"理性化"一词，显然指的是"功能理性"，而不是"行为理性"。"理性化制度"的对立面自然是"非理性化制度"，它指的是更依赖于非正式规则的制度安排。

一种文化中对于这种"理性化制度"的态度，是这种文化的特征之一。不同文化在这方面的差别就在于：有的文化更重视正式制度的建设，在法规形成的时候先要搞清楚它对每个人的利害得失，一旦形成则严格坚持贯彻；而有的文化则更看重非正式的约定，不重视正式法规的建立及其贯彻机制的建立，一切正式成文的法律都可以随时因特殊的需要而"改写"或放弃，从而使得所谓成文的正式制度事实上也不同程度地等同于非正式的制度。比如，有的民族可以为一条法规的建立争吵几百天以至许多年，在此期间可以没有这方面的法规，但一旦建立便能认真遵守，而有的民族可以容易地在统治集团需要的情况下由少数社会"精英"设计出各种详尽的法规而既不引起人们的强烈反对（中国的历史上并不缺少法规或"典章"），但也并不为大家（既包括统治者也包括被统治者）作为不可更改的准则加以遵守。或是总能因个别的偶然的需要而"通融""优惠""特例"、变通，可以因利益格局的改变而被改变或被放弃。重视制度理性化的文化，显然可以称为具有较强的"法治精神"；而不重视制度理性化的文化，则可以认为更多一些"人治"的道德规范。但"理性化制度"的概念与"法治"概念的差别在于，后者通常只被理解为通过法律来加以治理，而前者不仅包含以法治理的意义，还强调了法规本身的形成与修改也是一个深思熟虑的程序化，理性化的社会过程。同样，"人治"也不等同于"非理性化的制度"，因为非理性化制度的"可变性"往往并非因统治者的"人事变更"而发生，而只是因为在制度中缺乏必要的社会安排来保证某些规则的贯彻实施，无论这些规则是成文的法律还是统治者的意志。

中华文化传统中制度行为的非理性倾向

在西方学者中间，雷丁（Redding，1990）对华人文化特征与中国经济制度演化之间关系的研究，得出一些应该说相当客观而又很有意思的结论，颇值得我们注意。我们不妨从他们的一些论述开始进行一些讨论。

雷丁认为华人（资本主义）企业具有以下的一些特征：（1）决策权明确集中在最高层；（2）小企业居多；（3）内部分工和专业化程度低；（4）存在形式化的因素，但标准化（正规化）的程度低；（5）所有权和控制权合一的趋势强。皮拉特特别强调了上面第（4）条即"正规化程度低"的作用，认为在这些具体特征的背后，华人经济的共同特征是不具备西方人意识中的那种规范化、理性化的制度结构，非正式的行为规则和具体情况下的随机的"行为控制"居支配地位，而忽视与具体情况无关的一般性的正式规则的建立与实施。

其表现之一，就是在华人文化的传统中，更注重的是"人治"而不是法制，一切正式的法律、规章，都可因人而异、因事而异加以打破和改变。华人的市场经济中存在着"企业家族主义"（Entreprenerial familism），而不存在现代化的、适应大规模社会化生产的"经理资本主义"（Managerial capitalism）。这些显然是与中华文化中不重视以至排斥"理性化的制度结构"的特征相联系的。

在韦伯所分析的基督教文化与中华"儒教文化"的区别当中（韦伯，1915），我以为只有一点是在解释近代资本主义发展过程的民族差异方面是真正重要的，那就是：在"资本主义精神"当中，包含着对"严谨形式的法律"、对"可以预测的法定程序"的追求；而儒家文化则认为"天人合一"，追求"伦理导向"，只求"实质上的公平，而非形式上的法律"。没有法律制度做保障，并不是不能发展起专业化分工和市场交换的经济关系。比如，单凭人与人之间对他人人格的了解，也可以建立起信用关系。但是，这种信用关系显然只能在真正熟悉、了解的人之间才能建立起来，因而难以成长为大规模的社会信用关系，甚至不能发展起依靠"外人"的委托——代理关系。雷丁等人所注意到的华人企业规模大的不多，家族企业较普遍，其实正是与华人文化中不注重"正式制度"的传统分不开的。缺乏对制度理性化的重视，是导致华人通常只能在家族内部经营企业而不能将规模扩大到"外人"，不能发展起"经理资本主义"

的现代化大公司企业的一个基本原因。在中国的近代历史上，不是没有出现"资本主义的萌芽"，而是确没有出现、事实上也不可能出现能够有利于现代工业技术产生并与社会化大生产相适应的现代社会信用结构。在一种信用关系只能存在于家庭成员之间的文化背景下，社会化大生产所需要由严格的法律体系保障的信用关系无从形成，现代资本主义制度的建立和经济的大规模发展也就不可能与西方同步进行。

当然不追求形式上的"正规化"，也可以形成一种"不求形式、只重内容"的实用主义文化。这种文化也不是没有其优点，因为它可以具有较高的灵活性和对变化着的外界环境较强的适应性。

不重视正式制度的建立，非正式的规则就会在支配人们的行为当中起到更大的作用，而新的行为规则也可以较容易在一定范围内，比如说在某一地区或某些"熟悉人"当中以非正式的方式实行起来，比较灵活，可以在各种具体情况下找到较为合适的制度安排，制度成本会低些。这可以说是华人经济在面临制度变革问题时，"渐进式"制度改革方式（incremental approach）较容易被采纳并能够行得通的一个重要原因。这种"渐进式"方式的实质就是在"先不争论"的条件下，通过非正式的、逐步的（piceemeal）制度变迁，在正式制度可能还未改变的情况下，就已经使社会经济体制发生了部分的变化，然后再开展正式制度的变革，使有些非正式的变革、获得正式的法律形式。而在另一些文化传统下，人们很难在正式的规则未经修改的情况下容忍一部分人采取另外的行为方式，他们也就只能选择"先把一切谈清楚"再采取一揽子行动进行制度改革的激进方式（不同的国家在不同的条件下采取不同的改革方式，是由多种因素造成的，这里分析到的只是其中可能起作用的一个因素，这点请读者注意）。

中国近十几年来的体制改革与经济发展，像其他华人经济一样在很大程度上得益于中华文化中所谓"重内容不重形式"、重非正式关系而不重正式制度这样一种传统。许多实质性的经济变革，都是在正式的制度没有改、正式的"名称"没有变的情况下，人们首先在事实上采取了与正式的规则相冲突的行动，改变了事实上的行为约束（behavioral constraints），创造出了各种新的经济关系，使人们得以捕捉获利的机会。比如，农村集体经济的形式没有变，但通过"家庭承包责任制"，使得中国农村事实上改变为一种农户经济。正式的市场交易不允许进行，就在私下里先发展起"灰市"；在私有产权仍被歧视的结构中，许多私有企业就变通地采取了"集体""合作"的形式，戴一顶"红帽子"；许多正式的改革方案存在争议，就采取"先看一看、不下结论"的政策，允许其在旧的规章制度不变的情况下先自发地发展。更多的情况则是通过搞"试点"、搞"特区"的方式，绕开一些总体规则修改的难题（特别是一些最高决策规则或基本制度规则的修改）。许多地方经济的发展，则主要通过用各种非正式的地方税（各种"费"或"摊派"）的办法截留财政收入，用以发展地方经济和各种公益事业；而"中央"在遇到财政困难时，也是不顾正式规则或正式的"合同"，随时要求地方追加上缴的收入。可以说，如果不是先满足于非正式制度的改变、不追求正式制度的变革，中国不可能出现一方面进行体制变革，另一方面经济还在调整增长、没有出现大的社会动荡的情况。

人们总是先注意到中国人"保守""传统"的一方面，固守"祖宗的遗训"。其实，这种"保守性"并不是华人文化所固有的。世界上所有的民族、所有的文化，一旦形成，都会自然地具有这种维护自身存在的保守倾向。文化越是古老，与新的生存环境的反差越大，这种保守性也就越明显。中国人、中华文化真正独特的地方，其实在于他和它的"顽强的存活能力"——其他一切与中华文化同样久远的文化都已经死亡了，唯有中华文化一直活到今天，而这正有赖于它的"灵活性"——有赖于它能够容忍各种适应新环境的新的行为方式，使它们在既有的、正式宣布过的原则下面能够获得某种"非正式的"存在。显然，这种"不讲原则"的实用主义文化，有利于新的规则在旧制度下面成长，而不一定非要首先打碎旧体制，才能开辟出新体制成长的道路。

借助"外部约束"与打破内部传统

容易"存活"的东西，并不一定在任何时候都是最适合时代潮流的东西。中华文化因其"灵活"而不易死亡，但也因其不重视制度理性化而不适合于经济长期稳定的发展，形成现代社会化再生产所需要的经济体制。

非正式的规则有其固有不稳定或不确定性——易形成的东西，也易改变、易打破。如前所述，不能在任何情况下坚持实行的约束，可以依具体情况被"灵活地"加以改变、放弃的规则，不利于人们建立起稳定的行为预期。制度不规范，法治薄弱，结果一定是人治居主导的地位，导致一人可"兴邦"，一人也可"丧国"，制度总是依人事更迭而变化。中国历史上经济在长期的改朝换代的社会循环中停滞不前，都是与缺乏稳定的正式制度相联系。事实上，制度不稳定，就很容易产生出对强权（当然最好是"明主"的强权）统治的要求（以此来达到稳定）；而强权统治又进一步削弱法治、巩固人治的传统。如果说西方古代宗教中的"天"可以理解为一种上帝强加于人类社会的、不依人的意志为转移的外在"规则"的话，在缺乏真正意义上的宗教传统的中国，"天人合一"的文化，则是构成不稳定的制度和强权政治这两个双胞胎并存的一个重要原因。因为既然一切都可以因人的好恶，因人的具体需要而改变，那么稳定的社会与稳定的预期就只有由一个暂时稳定而又独一无二、其他人都无权改变它所制定的规则的高度集中的强权来加以提供。长期来看制度的不稳定与短期内强权的存在，在我们历史上并存，二者相互巩固，以致我们都很难区分哪一个是因，哪一个是果。

轻视或忽视理性化的制度建设，在很多情况下是为了"省事"，为了一时的简便、快捷，或者是为了适应于一些特殊情况。正式制度的制定，往往是一个涉及全社会的公共选择过程，甚至会导致旷日持久的政治斗争，往往不如许多随机的措施或在一定范围内的非正式的安排更加简捷。同时，任何一项制度，都不能适应于一切情况。严守一项制度，在一些"特例"中往往不能取得"最优的"结果，不如一些随机的非正式的安排更灵活、更能适应于各种可能情况。正因如此，非正式的安排、随机的"人治"，从短期来看，会显得很"经济"，并因此而对人们产生很大的诱惑；但是，要看到的是，经过反复权衡谈判之后建立起来的，在任何情况下都强制实施的理性化制度，虽然"生产成本"较大，有时"机会成本"也较大，但它所能提供的"稳定性"，却是任何非正式安排都不能替代的，由"稳定性"带来的经济效益，特别是在经济发展的动态过程中所能产生的长期经济效益，一定是会大大超过那些不稳定的非正式安排所能提供的好处。

除了上面的分析，我们还可以解释以下三个重要的事实。

第一，如果只遵循中华文化的传统，尽管在这一传统中存在着许多有利于经济发展的"美德"，但我们只会有或长或短的"盛世"，却由于缺乏理性化的制度结构，经济和社会却总会被周而复始的起义暴动和改朝换代所打破，很难有长期稳定的发展，在世界的相对关系中，经济早晚会趋于落后。中国近代发展的历史可以证明这一点。

第二，中国近年来通过各种形式的"变通"使经济得到了较高的增长，但在此过程中也伴随着频繁而剧烈的波动，而经济体制也一直难以摆脱"放权—收权"的"体制循环"——最大的不稳定是体制的不稳定，很大一部分的经济损失（包括财富的挥霍浪费与资本外流）都是与人们缺乏稳定的制度预期相关联的。

第三，近代一切成功的、获得长期稳定发展的华人经济（华人经济，这里不妨可以理解为中华文化传统占统治地位的情况下运行的经济实体，包括国家、社区或企业），都发生在"海外"，发生在"对外开放"、遵循某些"国际通用的规则"的地区，总之，发生在中华文化与其他文化（无论是西方文化还是某些"当地文化"）相互影响、相互交融的地方，发生在某些外在文化、外在规则事实上起到了"正式制度"的约束作用的地方。"海外华人经济"、东亚一些国家和地区以及中国沿海地区的经济繁荣，虽然主要的原因是从内部进行了经济制度的改革，但不能不说在对外开放的过程中，外部的制度、规则起到了稳定内部行为方式的作用。这并不是说华人只有依赖于外来制度的约束才能发展，而是说：只有有了某种理性化的制度约束，华人经济才能长期稳定地发展并实现现代化；没有外来的制度影响，如果我们能克服自己文化传统中的缺陷，自己发展起较为规范的制度规则，一样能够取得同样的效果；但"外部约束"起到了加速打破传统习惯的作用。

有的人认为：中华文化完全有利于经济的发展和现代经济制度的建立，关键的条件在于破除掉"集权政治"的统治（见侯家驹，1993）。这一观点其实很难被一些东亚新兴工业国的发展历史证明。有了对外开放，内部制度尽管仍（暂时、在"短期内"）保持着较大程度的"集权"，经济同样能够起飞。纵观全世界"华人经济"的发展历程，将"存在或形成了某种理性化的制度约束"，视为华人经济发展的一个必要条件，显然更具有一般的意义，更能对现实情况作出合乎逻辑的解释（一个经济的内部制度的"理性化"过程，本身包含着民主程序的成熟与发展，但一开始却不一定完全取消集权）。

中华文化中存在着许多有利于经济发展的美德，如节俭（这是"资本主义精神"的一个重要因素，参见邹恒甫，1993）、勤奋、适应性强、善于处理人际关系、重视教育等，但之所以在历史上特别是近代历史上长期处于落后的状态，就是因为这种文化中的一个基本弱点是不注重制度的理性化，因而不能适应于近代的大规模社会化生产的要求。而其他一些文化，如西方基督教文化传统，存在着很多弱点，但恰恰有一点，即尊崇和努力探究那种外在于个别人的、不依人的意志为转移的、表现为"上帝意志"的"自然法则",并坚持按既定的规则办事,显然有利于形成稳定的制度,使人们得以在一种长期稳定的规则与约束中,节省交易费用,发展市场交换和社会化生产。当这些外部的文化或制度对于华人起到了"理性化制度约束"的实际作用,中华文化中的种种美德,便可以发挥出较大的优势,使华人经济显示出强大的竞争力。

这一分析,有助于我们清理以往关于"中华文化"的种种争论,同时也可以使我们得到有益的"政策结论":华人经济要想发展,一定不能"夜郎自大",而要尽可能地吸收外来文化的精华,发展与外界的联系,保持经济与文化的开放性,把自己融于国际经济体系和国际社会大家庭之中去,遵循一些"国际通行的规则"。同时,最重要的是,我们自己要吸取以往的经验教训,更加重视理性化、规范化制度的建设,用"法治的精神"来实现自我的完善。只有这样,经济才能发展,并更好地发扬中华文化传统的优势,尽快地缩小华人经济与世界上先进国家的差距。

就中国大陆来说,可以预见的是:只要在今后保持并不断扩大对外开放,经济发展和体制变革就是大有希望的;而中国市场经济的发展和完善,一定取决于自身内部的社会经济制度理性化程度的提高。

危机应对的经济学原理

危机是多种多样的，而对危机的经济分析也可以是多方面的。比如说，我们可以分析危机的经济根源，因为真的会有许多危机有着或远或近的经济起因，比如一场泛滥洪水，可以追溯到长期以来的掠夺性采伐森林的人类行为；而扩大市场、占有资源，可能是一场战争的直接动因，等等。我们还可以分析面对危机各种利益群体或个人的行为方式，可以分析危机发生时一个经济如何应对危机、如何配置资源的方法和比例，等等。我们还应该分析各种危机对一个经济在各方面直接或间接的影响。

本文只是想从经济学的原理出发，以"非典"危机作为主要实例，就几个与危机应对机制相关的问题进行一些分析。

危机中的不确定性与应对危机的信息机制

在这次"非典"危机中显示出来的一个重要因素是"不确定性"对人们行为的影响和针对不确定性采取对策的必要性。

"非典"迄今为止的传染率和死亡率，比起人类已知的许多疫病，其实是很低的，但人们之所以大量减少经济活动，主要就是人们不知道这种疫病的传染方式、预防方法和医治办法。正是这种"不确定性"，导致人们的不安全感与传染率、死亡率不成比例，从而采取比防范其他疫病更加谨慎的预防行为。也就是说，在这个阶段上，人们倾向于"小事做大"——为了避免很小概率的事件发生，采取过大的防范措施。这就是所谓的"恐慌"。在恐慌发生时，人们倾向于采取"过激"的行为，过度防范，过度谨慎，过度紧张，在一定意义上都是因为信息的不完全，也就是不确定性的存在。"非典"这种传染病危机和金融危机等发生时，这种由不确定性导致的恐慌，都可能发生。

但是不确定性的存在，可以有两种不同的原因。一种原因是人们的知识和信息本身受到局限，比如对"非典"的病因和医治方法还不知道。但也有另一种原因，即已有的信息传递不畅，或人为地掩盖信息或以误传误、扭曲信息（如谣言）等。比如在科学上已经知道"不发病不传染"。因此只要采取一定的防范措施人们可以采取一些正常的活动，但这一知识没有进行很好的宣传，许多人不知道，误以为传染机会很广，就属于由"信息传递不畅"或"无知"所导致的恐慌。再比如，政府作为占有信息较完全的权威机构明确地告知大家哪里可能有传染源，哪里没有传染源，人们就可能较为放心也去那些没有传染源的地方，而不是哪里都不去。在最初阶段各方面对"非典"的知识都很少的情况下，大家采取一切可能的防范措施是对的。但随着对"非典"的知识和信息的增加，我们现在也逐步认识到有些过去被认为可能传染"非典"的活动，其实是安全的，或者在采取一定的防范措施的前提下其实是安全的。及时将这些信息告诉公众，有利于大家恢复一些正常的经济活动。

故意掩盖信息，特别是掩盖不利的信息，有时可能是为了防止恐慌，但是这一方面会导致本来就不足的信息变得更少，使不确定加大而不是减少，另一方面还会导致"谣言四起"，人们开始传播错误的信息（这往往都是夸大坏消息的信息），从而使局势更加恶化。总之，从经济学的原理上看，一切加大信息不完全性的做法，从长远来看都只会加大不确定性，从而加大恐慌，而不是减少恐慌。

这时，有效的危机应对机制应该是怎样的？应该如何针对这种行为而采取措施以减少恐慌而不是加大恐慌？

符合经济逻辑的建议是：信息越公开、越充分、越正确、越及时越好，越有利于减少恐慌。在危机应对机制中，首先要建立的就是危机应对的信息机制。

及时采用公共政策，提供公共物品

我们所谈论的危机，只要它涉及的人群较大，都是一种公共生活或社会活动的危机，而不是一个人、一个家庭或一个企业的"私人危机"。但是，从经济学的角度上，我们可以进一步对公共性的危机事件进行定义——只要一个事件具有"外部性"，只要我们无法对这一事件中的成本与收益的承担者进行明确的限定，这一事件就具有公共事件的意义，如果是危机，就是一种公共危机。

简单地说，作为一种公共危机的特点就在于：它必须通过集体的、公共的协调才能加以应对，而不能仅仅依靠私人分散行事。公共协调的努力，可以减少成本，更有效地利用有限的资源应对危机。

而在运行机制上，由于存在外部性，"私人间谈判"的机会成本又太高，因此市场机制在此是不灵的，必须依靠政府机制，一方面利用政府这个现成的公共机构去进行对公众行为的协调，贯彻公共政策，包括强制性地执行法律法规；另一方面通过公共财政，及时地提供公共物品和公共服务。

以"非典"为例，作为一种传染疾病所引起的危机，显然是一种公共危机，而且它具有很强的"外部性"。面对这样的危机，显然必须采取公共集体行动，在公共机构的协调下、甚至是强制执行下加以应对。比如，在"非典"蔓延时期对一些人群进行强制隔离，只能是由公共机构来加以贯彻执行的事情。从成本—效益的角度分析，这类集体行动也会比每个个人都以个别方式进行的行动更有效率。比如在疾病危机暴发时，如果每个个人都"私人地"采取措施加以防范，成本会很大，可能会导致整个社会的瘫痪，而由政府组织的集体行动，可以因信息较完全，只是有重点地隔离可能传染的人群，使大多数人可以正常活动。这样做在经济上的一个效果就是使受影响的人实际上变少。一个"非典"严重的城市通过公共协调有效地隔离 5 万人，成本看上去很大，但这样可能使其他 500 万人更放心地从事活动，否则 500 万人都不活动，整体的成本更大。

这种应对危机的公共机制要真正发挥作用，需要有事先的、明确的制度安排，比如事先有立法，明确规定什么事件可以定义为危机，危机发生时政府可以依据哪些法律条款，启动哪些特殊权力，利用哪些储备资源，进行哪些社会动员，等等。同时在财政上，也必须明确地在平时就有一定的准备。

194

根据危机的不同性质和特点及时采取
经济政策以稳定局势

　　无论是哪一种危机发生，首先要做的是如何控制危机，减少其本身的灾难效应，然后要做的（也许是同时要做的），就是如何保持社会经济生活的正常进行，特别是要采取措施尽可能地保持经济活动的进行，防止经济陷入严重的衰退。无论如何，经济活动是使社会得以运转的基础。因此，应对危机的一个重要方面，就是针对不同类型的危机采取有效的经济政策。

　　我们可以从各种不同的方面对危机进行分类。在这里，可根据我们的特殊分析角度，将危机分为两类，一类可以称为"需求刺激型危机"，一类可以称为"需求抑制型危机"。

　　战争和洪水，可能是所谓"需求刺激型危机"的例子（相似的还有地震、台风等）。以战争为例，战争是人类之间的相互残杀，因此它是一种危机。在战争发生的时候，受战争蹂躏的那些地方，民不聊生，经济活动停止，当然谈不上什么扩大需求与扩展经济活动。但是，一方面，战争本身要耗费大量的资源，构成参战方对军火、运输等产业的额外需求；另一方面，战争不仅杀人而且毁物，战争一旦停止，人们要重建战争中摧毁的一切，就形成大量的经济需求。洪水也是这样，在洪水暴发的那几天，当然经济活动是停止的，但一旦洪水退去，人们灾后重建的需求，就构成当期经济总需求的一部分，而重建工作本身，则构成当期 GDP，即国民生产总值的一个组成部分。洪水和战争在这里的一个共同点在于，它们是破坏性的，但它们破坏的是过去的 GDP（所积累起来的财产），而增加了当前的 GDP，扩大了当前的总需求。尽管现实生活比我们这里的分析要复杂一些，比如一场战争对交战双方的经济影响是不同的（胜者总是获利方），战争时间的长短对当期经济的影响也是不同的，财富的破坏会因"财富效应"而减少战败国的需求，等等。但是毕竟，当年若不是二次世界大战，美国经济还不会真正从大萧条的泥坑中拔出来；而世界大战发生时欧洲经济自然受到了毁灭性的打击，但大战后的重建，又可以说是使它们能持续长期增长的一个重要原因，伊拉克战争也是这样。军火工业集团的利益是战争发生的一个重要原因；而战后重建的大蛋糕，又可能构成欧洲（包括最初支持战争的英国和西班牙）与美国发生利益冲突的原因。

与此形成对照的，是我们当前所经历的"非典"这种传染性疫病危机，它属于另一个类型，即"需求抑制型危机"。除了增加一点对医药的需求以外，这种危机的经济影响基本上可以说是彻头彻尾地在减少需求！这种危机不仅因夺去一些人的生命而减少人类的经济活动，而且它使大量的人因惧怕被传染上疫病而减少甚至停止经济活动，从而减少经济需求，甚至减少资源的消费。这不仅表现在人们少外出、少购物、少旅游、少开会，还表现在许多贸易和投资的项目，会因人们减少旅行和开会而推迟甚至取消。人们对生命的珍惜，使人们减少其可能被传染上疫病的一切活动，包括经济活动，加在一起，这可能是一个巨大的数字，如果这种情况持续一个较长的时间，它可以使 GDP 的增长率大大下降。总之，"非典"疫病这种危机与战争等危机的区别在于，它既没有因当前人们活动的增加

（尽管是战争一类的破坏性活动）而增加当前的需求，也不会因破坏过去积累起来的任何财产而提出"重建的需求"，它只是简单地减少人们当期的活动！与此相类似的是"金融危机"。金融危机并不提出额外的当前需求，也不因破坏任何物质财富而提出今后的需求，它只是可能使一个经济的"金融资产"受到破坏（也就是所谓的资产"缩水"），而金融资产的价值是不计入 GDP 的，计入 GDP 的只是当期在一定需求下创造出来的物质产品和服务。而且，金融资产缩水对需求的影响一定就是负面的"财富效应"——人们因收入预期的降低而减少当前的消费。

因此，对于像战争、洪水那样的需求刺激型的灾难和危机，相应的经济政策是防止物资短缺，鼓励增加供给，防止通货膨胀；而针对"非典"这样的危机，相应的经济政策就是如何扩大需求，如何防止经济衰退。比如，就目前应对"非典"危机来说，相应的经济政策包括：

——在某些产业的需求还不能很快恢复的情况下，及时采取政策，鼓励其他一些受影响不大的产业的需求有所增长，以保持总需求水平的适当增长。比如，在旅游、交通、服务业等活动一时还很难恢复正常水平的情况下，政府应加紧落实鼓励住房、汽车、医疗保健、环保、城市基础设施等方面需求的具体政策措施，使这些领域的需求有所增长，以抵消一些其他方面的需求不足。

——对于受直接打击较大的产业中的一些企业，特别是中小企业和个体经营者，政府应适当通过减免税费征收、提供贷款贴息等方式，帮助它们渡过危机的阶段，不使由此导致的一些企业的倒闭和失业过多，影响下一阶段的正常增长。

——适当加大政府支出，弥补总需求的不足。特别应加大公共卫生方面的支出，这不仅有利于弥补当前总需求不足的缺口，从长期看有利于通过改善医疗卫生条件而改善我国的投资环境。

总之，及时正确地分析不同的危机类型及其对经济、社会生活的不同影响，才能采取正确有效的应对政策。

第十七讲

幸福的机会成本

人生在世，人人都想活得更好，更好地活着。而所谓"选择"的问题，说白了就是在各种可能的条件下，选择那种能为自己带来较大幸福或满足的较好的活法。

幸福或满足这样的概念，经济学中的术语是"效用"，实在是一个意义广得不能再广、泛得不能再泛、一般得不能再一般的概念。之所以如此，就是因为天下有太多的东西能给我们带来幸福或满足。

特别值得一提的是，什么也不干，也是一种满足。什么也不干，也就是闲在，经济学里称为"闲暇"，文雅一点说是"闲适"。除了家财万贯、可以不干活也有吃有穿的真正"有闲阶级"之外，我们社会里的绝大多数人不可能真的什么也不干，至少还得挣钱吃饭。

但有的人完全可以既不求升官，也不求发财，不去劳心费神上学考试搞什么理论研究、发明创造，拣个费力最小、工资说得过去的工作，每天上班安分守己做好本职工作，下班按时回家，世界杯足球赛时蹲在家里看电视直播，星期天携妻带子逛公园商场；年轻的时候跑跑步，年纪大点练气功，身体精心保养，不熬夜，不发火，延年益寿。

这种所谓的"平民生活"，说起来显得"平庸"，其实那当中的一份"闲适"能给人带来的满足，并不一定就比整日奔波劳累、费心耗神求得的功名利禄所能带来的满足少几分。

只计算物质产出或物质享受，不将"闲暇"考虑进来的经济学，只是一种简陋的经济学。闲暇可以提供满足的道理，在经济学的意义上可以首先把我们引到经济学的一个重要概念：机会成本。

所谓机会成本，基本的意思就是有一得，有一失，鱼与熊掌不可兼得。经济学的老祖宗，英国的亚当·斯密曾经说过（大意）：国王会羡慕在路边晒太阳的农夫，因为农夫有着国王永远不会有的安全感。而你要有农夫那样的安全感就不能有国王的权势。

不过，经济学中"机会成本"概念的意思要更狭一些，它往往特指在"资源是有限的"这个前提下，将一种资源更多地用于这一目的便不能更多地用于另一目的。经济学中最普通的一个例子就是"黄油与大炮"：一个国家总共有那么多的资本和劳动，既要生产黄油（消费品），又要生产大炮（武器），多生产了一吨黄油，就要少生产（比如说）两门大炮，这时那少生产的两门大炮，就被称为多生产一吨黄油的"机会成本"。

一个人生到世上来，至少拥有一种"天赋的"资源，那就是时间，每天 24 小时，每年 365 天，一生几十年。就每一个人来说，时间资源对他总是有限的，多有多的有限，少有少的有限，因此在这有限的时间里所能干的事情就是有限的：读书了就不能看报，打牌时无法打球；今晚要去官场上应酬，就无法到商场上去交易；要想做学问，就得多花工夫多读书，你就只能有较少的时间去经商挣钱或开会升官。

在所有的情况下，人们要干成一些事情，至少面临着一种机会成本，那就是闲暇。鲁迅的一句引用率相当高的名言是：所谓天才，就是把别人喝咖啡的时间用到读书上去罢了。说的就是这个道理。

功名利禄、成就事业从一定意义上讲并不难，有一正常的平均的智力水平和身体条件，都能得到，只不过要用勤奋、辛劳，也就是用那喝咖啡的时间去交换罢了。至少，你得一边读书（或谈买卖，或开会）一边喝咖啡，而不能坐到露天咖啡座的阳伞下一喝两个小时，优哉游哉地观赏路上的行人、天上的飞鸟。要挣钱就要四处跑买卖，看摊一看十几个小时；要升官就要多花时间搞调查、编计划，四下联络感情，八方打探消息；要做成点学问就要读万卷书，行万里路，搜集资料，完成试验，一睁眼就想到哪篇文章还没写，哪段讲义还没编，恨不得做梦也能做出个搞试验的新招。于是要么是整天在外，半夜才归；要么是挑灯夜战，不近人情；星期日不放假，节假日不休息，不陪老婆进商店，不陪孩子逛公园，女友告吹，夫妻吵架，第三者插足。

就一般情况而论，你多得一份功名利禄，不过少得一份轻松悠闲罢了。有的人条件特别好，运气特别好，什么事都似乎信手拈来：坐在家里不动，好买卖会自动找上门来；什么政绩也没有，可阴错阳差地官运亨通；学问不大，瞅准个空子，一个新点子也成名成家。这些情况当然有，但不仅是例外，而且其实这样的人即使发了点财也不会成为巨富，当了大官也不会是伟人，出了名也做不出大学问。靠勤奋不一定成器，靠运气和小聪明也能成名，但对于一般情况来说，不花点时间和精力是办不成什么事的，且不说那努力过程中的种种煎熬。

经济学中有这么一种算法：把一个人一天的可支配时间（自然时间减去八小时的必要睡眠时间），或一生的可支配时间（从自然年龄中减去不能工作的少年和老年期），算作一个总数，然后给出一天工作所能获得的收入标准，让你自己去选择究竟是多干点活，还是多享受点悠闲。这种算法明确地告诉你：你想多干成点事，就得少一点闲暇的享受。

做事情的机会成本是闲暇，反过来说，闲暇本身也有它的机会成本。比如说一个人什么事不做，或者做得很少，倒是舒服自在，但因此也就成就不了什么事业，比如说挣不到更多的钱，得不到更多的物质享受，看着别人有钱买这买那、出门旅游，而自己只能最多沏一杯茶在家里享受"清淡的闲暇"。机会成本概念的核心在于什么事情也不是都好都坏，而是有利有弊、有得有失。

机会成本的概念具有普遍的意义和适用性，就在于可以说什么事情都有它的机会成本。我们上面仅仅是就"时间"本身谈问题，还没谈为做成一件事所需付出的其他代价，比如"痛苦"或辛苦，从这些代价当中，我们更可以了解机会成本的无所不在。为官当政，有权有势，万人之上，又有一种干国家大事的感觉，但所受的约束也大，上下左右都要小心谨慎；搞学术研究，"臭知识分子"一个，相对来说却有可以保持较大的个性的自由，自己写了东西签上自己的名，用不着看上司的脸子。自己当老板开公司，可以更大地发挥才干，赚了钱拿大头，但操心也大，每天要忙于生意，还要承担赔本的风险；做个小职员"打打工"，虽然要看老板的脸色行事，但不操那份心，这时你也就不能抱怨为什么别人比你更有钱。

第十八讲

腐败的经济学原理

腐败的问题，似乎在我国社会中成了个难以克服的痼疾，也成为人们经常议论的一大话题。反腐倡廉反复搞，似乎成效不大，因此我想现在也该针对腐败产生的原因，对腐败与防腐败的问题多做些经济学的分析，以便找到更有效的对策。

腐败的原因从根本上说不在于当事人品德的好坏、水平的高低，而在于规定着人们行为方式的那一系列体制。

所谓腐败，可以有一个最简单的定义，就是"利用公权谋私利"。若是利用"公权"谋公利，那是理所应当的，公权本身就是为了公利而设计出来的；若是以"私权"谋私利，不说是天经地义，也是合理合法的；若是以私权谋公利，通常称为"大公无私"，经济学上称为"利他主义"，需要提倡，但没有也不成大的问题。只有以公权谋私利这件事，是人们深恶痛绝的腐败，是属于要加以反对、"严打"的行为。

这种"以公权谋私利"的行为，当然首先与"用人体制"相关。如果我们现实一点，即使不说现实中的每一个人都是为私的，也总得承认生活中至少有一部分人是"有私心"的，一有机会就要以权谋私。那么，从防腐败、反腐败的角度看问题，我们首先要研究的一个问题是如何把那些私心较少、愿意为了公利而勤奋工作的人选出来去"当官"，掌握"公权"，而不是尽"提拔"那些蝇营狗苟之辈，使得这些人有机会利用公权搞腐败。从这个意义上说，我们要防腐败，至少要做的是改革我们国家机关和国营企业的人事制度，改革官员的选拔与任命制度，尽量减少"坏人"当权的机会。

其次，"以公权谋私利"这件不合法的事之所以泛滥开来，显然与法制不健全有关，因为如果我们再现实一点，承认现实中的多数人现在还是"有私心"的，还到不了大公无私或克己奉公的境界，不管干部选拔制度多么严格有效，也总会有一些谋私利的人被选到行使公权的岗位上去。那么，我们要研究的问题就是，如何改革我们的干部监督制度，改革我们的立法与司法制度，使得每一个行使公权的人都能够受到人民的严格监督，使得那些敢于以公权谋私利的人能被及时地揭露并受到应有的处罚，并以此而警告其他人，老老实实地做"公仆"，不要以公权谋私利做"公敌"。

但是，如果我们再现实一点，就会发现：选人、监督与执法等反腐败的活动，都是有成本的，而不是可以"免费"获取的。就"监督与执法"而论，所涉及的成本至少包括：立法过程所需的费用，维持立法与执法机构的费用包括人员的工资与办公室、办公设备所需的支出等，监督费用，调查案件的费用，公众个人举报揭发所需的时间与费用打个举报电话也是要花钱的等等。当然反腐败，也是有收益的，直接的收益是收回了"赃款赃物"，间接的收益首先是有利于消除"民愤"，从而有利于社会稳定并因此而使经济得以更快地增长。不过就个别案例而言，反腐败斗争的成本与收益往往不成比例：受贿100元的案子与受贿100万元的案子，可能要花同样的调查费用，要动用同样多的监察人员。这至少可以解释为什么在腐败现象很普遍的情况下，人们一般只是先抓"大案要案"，或者，只有"够级别"的事才能"立案侦查"。

　　反腐败行动的另一个间接收益是它的"杀一儆百"效应。给定一个社会、一定时期、一定条件下腐败的"普遍程度"，多惩治一个腐败，便增大了一点人们预期的"被抓住的可能性"，从而使一些人"不敢"去腐败。这是因为，对于搞腐败的人来说，也有一个成本与收益的问题。搞腐败的收益自然就是贪污、受贿、收"好处费"等以公权谋私利行为中所占的各种便宜，而"腐败的成本"则由以下两方面的因素所决定：

　　第一，是被抓住后所受的处罚。无论是被降职或开除，所失去的原有收入或原有的预期收入所谓"高薪养廉"就是为了加大腐败的这种机会成本，还是罚款、蹲监狱等的追加惩罚，或是在社会上被蔑视等精神上所受的损失如果社会上人们还对此表示蔑视的话。总之，腐败一旦被抓住后所受处罚越重，腐败的成本就越大。

　　第二，就是防腐败、反腐败制度的严肃程度。制度越严，为此而进行的宣传、监督、调查、追踪等行动越是频繁、越是认真、越是有效，腐败"被抓住的可能性"就越大，搞腐败时预期的成本损失就越大。

　　说是抓住腐败一定严惩，但是如果没人去抓，或是因太多而"抓不过来"，或是大家司空见惯，谁也不抓，没人监督，没人调查，或是官官相护，有人举报也没人去抓，甚至举报的人反倒会受到惩罚，搞腐败"被抓住的可能性"事实上等于 0 或近乎于 0，腐败的成本事实上也就还是等于 0 或近乎于 0，因为"腐败的预期成本"，理论上说就等于被抓住之后所会受到的处罚与预期的被抓住可能性的乘积。

　　可见，在防腐败的问题上，腐败行为被抓住的可能性是十分重要的一个因素。

但是问题在于，"被抓住的可能性"，在理论上是一个"概率"。所以，它不仅取决于你监督了多少、抓了多少，还取决于在一定条件下有多少人"需要被监督"的理论概率，只是"受监督的人数"除以"有条件犯罪因此需要被监督的人数"而得出的一个比率。所以，要研究腐败的成本和防腐败的有效性问题，还要研究一定条件下有可能、有条件搞腐败的人数有多少。

我们这个经济所面临的一个问题，恰恰在于"有条件搞腐败"的人数太多了一点。在我们的经济社会中，有太多的经济物品要以"公共的方式"加以生产、供给与分配，"公共财产"在社会总资产中所占的比例太大，"公款支出"的事情、"政府决定"的事情，"计划分配"的事情太多，进而言之，政府管的事情太多，政府的规模太大，政府官员的人数太多。特别值得注意的是，我们的国有企业也是一种使用"公共财产"的机构，国有企业的经理们也是一种"政府官员"，而且在一些问题上是距钱和物"更近"的官员；并且，国有企业的职工，无论是售货员还是司机还是装电话的，也都是使用国家财产工作的人，也可能进行某种以公权谋私利的腐败活动。在这种情况下，对如此众多地掌握着某种公权的人们进行监督与执法所需的困难显然太大，防止腐败、消除腐败、"杜绝"腐败的成本显然会很高，通过有效的监督来保证政府官员廉洁奉公就很不容易做到，以致根本监督不过来、抓不过来，一不留神就会弄到"法不责众"的地步。打个比方说，在一个经济社会中，如果国营商店的售货员也能凭借公权"开后门"，国有企业看仓库的也能凭借公权收贿赂，你得花多大人力物力才能"健全法制"？在一个有十倍的事情要由政府决定、十倍的物品要由政府分配、十倍的资金由政府官员掌握的经济社会中，"高薪养廉"所需的费用，"廉政公署"所需的规模，至少也要大十倍，才能换取一个同等的"廉洁程度"。即使我们假定一切反腐败的努力本身都是有净收益、净回报的，一个社会把那么多的资源配置在反腐败这个用途上，也是件很不经济的事情。由此而论，在我们这样的一个经济社会里，腐败现象多，根本的问题不在于有私心的人多本来就是这么多，也不是"法制不健全"，当然不是说已经健全了，而是说相对于要监督的对象的数目来说健全起来太难了，而在于"公权"存在的场合太多了。因此，要想把我们经济社会中的"以公权谋私利"这种腐败现象减少到最低程度，更重要的一种体制改革，还是在于"减少公权的数目"，缩小政府的规模，减少花公家钱、"玩"国有资产的机会，把更多的事交还给个人与市场去做。就我们的情况而言，清除腐败，根本的办法不是"严打"，也不是说宣传教育这些完全不起作用，而是改一改体制。在多数人还"有私心"的现实条件下，消除"以公权谋私利"现象的根本办法，不是否定那个"私利"，也不是费劲巴拉地不使人们去"谋"私利，而是尽可能地减少那个"公权"，以此来达到减少以至消除种种"以公权谋私利"行为的目的。一个经济社会中以私权谋私利前提是"私权"起作用的事情多些，不构成问题，构成问题的仅在于以公权谋私利；而从逻辑上说，以私权谋私利的事儿越多，以公权谋私利的事儿就会越少，那些少量存在的公权也越容易受到有效的监督。

图书在版编目（CIP）数据

经济十八讲：现代经济学读书札记／樊纲 著．—北京：东方出版社，2016.8
ISBN 978-7-5060-9208-1

Ⅰ.①经…　Ⅱ.①樊…　Ⅲ.①经济学—研究—中国　Ⅳ.①F120.2

中国版本图书馆 CIP 数据核字（2016）第 214533 号

经济十八讲：现代经济学读书札记
（JINGJI SHIBA JIANG：XIANDAI JINGJIXUE DUSHU ZHAJI）

作　　者：樊　纲
责任编辑：李　烨
出　　版：东方出版社
发　　行：人民东方出版传媒有限公司
地　　址：北京市东城区东四十条 113 号
邮　　编：100007
印　　刷：北京联兴盛业印刷股份有限公司
版　　次：2016 年 12 月第 1 版
印　　次：2018 年 10 月第 4 次印刷
开　　本：880 毫米×1230 毫米　1/32
印　　张：6.875
字　　数：158 千字
书　　号：ISBN 978-7-5060-9208-1
定　　价：35.00 元
发行电话：（010）85924663　85924644　85924641